Richard von Krafft-Ebing

Die transitorischen Störungen des Selbstbewusstseins

Richard von Krafft-Ebing

Die transitorischen Störungen des Selbstbewusstseins

ISBN/EAN: 9783743628007

Hergestellt in Europa, USA, Kanada, Australien, Japan

Cover: Foto ©Suzi / pixelio.de

Weitere Bücher finden Sie auf **www.hansebooks.com**

Die transitorischen Störungen

des

Selbstbewusstseins.

Ein Beitrag zur Lehre

vom

TRANSITORISCHEN IRRESEIN

in klinisch - forensischer Hinsicht

für

Aerzte, Richter, Staatsanwälte und Vertheidiger

von

Dr. R. von Krafft-Ebing

Arzt an der grossh. badischen Heil- und Pflegeanstalt Illenau.

Erlangen.

Verlag von Ferdinand Enke.

1868.

Die nachfolgenden Blätter haben die Bestimmung, dem Leser eine der forensisch wichtigsten und wissenschaftlich interessantesten Gruppen psychisch abnormer Lebensäusserungen vorzuführen und in möglichst monographischer Bearbeitung der reichhaltigen Literatur und eigner Erfahrungen zur Gewinnung neuer Gesichtspunkte beizutragen. Wir haben die hieher gehörigen Zustände unter die gemeinsame Bezeichnung der transitorischen Störungen des Selbstbewusstseins gestellt, einmal weil psychologisch die tiefe Störung bis zu völligem Verlust des Selbstbewusstseins das hervortretendste Merkmal derselben ist und andrerseits gerade dieses Criterium die Grundlage der juristischen resp. forensischen Beurtheilung der in solchem Zustand zu Stande gekommenen rechtswidrigen Handlungen zu bilden hat. Wir geben zunächst eine Darstellung der Traumzustände (Traum, Schlaftrunkenheit, Nachtwandeln) und werden auf sie die Besprechung der durch Alkohol und Narcotica hervorgerufenen Intoxicationszustände, der Fieberdelirien, der vorübergehenden Störungen des Selbstbewusstseins im Verlauf der grossen Neurosen, insbesondere der Epilepsie und Hysterie mit ihren manichfachen Transformationen und Substitutionen, der neuralgischen Dysphrenien, der Mania transitoria, des

Raptus melancholicus, der auf pathologischem Boden stehenden Affekte, endlich der transitorischen Störungen des Selbstbewusstseins bei Gebärenden und Puerperen, folgen lassen, und mit passenden Beispielen eigner und fremder Erfahrung illustriren. Obwohl über manche dieser psychopathischen Zustände erst die jüngste Forschung Licht zu verbreiten beginnt, schien es uns doch bei der Wichtigkeit dieser Zustände und der Gefahr ihrer Verkennung und Vortäuschung schon jetzt gerechtfertigt, den bisher erschlossenen Beobachtungskreis zur Gewinnung forensisch-diagnostischer Anhaltspunkte heranzuziehen und zu verwerthen. Die Schwierigkeit des Gegenstands wird dem Verf. die Nachsicht der Leser sichern, die Bedeutung desselben sie hoffentlich zur Berichtigung und Ergänzung des im folgenden Gebotenen anregen.

Inhalt.

I. Die Traumzustände.

1. Der Traum.

Literatur:

Pietschmann, diss. an et quatenus somnia hominibus imputentur. Lips. 1703.

Alberti, de imputatione somnii. Götting. 1745.

Müller, Entwurf d. ger. Arzneiwissensch. Bd. 2. p. 285.

Greiner, Traum und fieberhaftes Irresein. Altenburg 1817.

Westphal, diss. de somno, somnio, insania. Berolin. 1822.

Moritz, Magazin Bd. I. st. I. p. 53.

Hofer, Henke Zeitschr. 1828. p. 359.

Jessen, empir. Psychol. p. 504 u. ff.

Lemoine du sommeil au point de vue physiologique. Paris 1855

Brierre de Boismont. des hallucinations 3e edit. p. 252 u. ff.

Lélut, Macario, A. Maury Revue des deux Mondes 1858. t. II. p. 926.

Macario du sommeil, des rêves et du somnambulisme dans l'état de santé et de maladie. Lyon 1857.

Journal of Winslow. 1862. april. art. Dreamthougt and Dreamlife.

Pelman, Allg. Zeitschr. f. Psych. 1864. p. 72.

Griesinger, Patholog. II. Aufl. p. 108 u. ff.

Wir beginnen unsere Darstellung der Störungen des Selbstbewusstseins mit dem Zustand des Traums, wohl der häufigsten und bestgekannten Form temporärer Abwesenheit desselben.

Der Traum besteht phänomenologisch wesentlich darin, dass die höheren geistigen mit dem Selbstbewusstsein verknüpften Functionen (Aufmerksamkeit, Nachdenken) die perceptive Thätigkeit der Sinnesorgane, die Fortleitung der Vorstellungen zu motorischen Centren, und die Umsetzung dieser Vorstellungsimpulse in Bewegungen grösstentheils erloschen sind, während gleichzeitig aus dunklen Gemeingefühlsempfindungen, unklar zum Bewusstsein dringenden Gefühlen und Stimmungen durch einen unbekannten Erregungsvorgang im Bereich der Grosshirnhemisphären eine mehr oder weniger lebhafte Produktion von ganz spontan aufsteigenden Vorstellungen und Sinnesbildern im Bewusstsein sich vollzieht.

Von diesem Grundvorgang des Traumlebens gibt es zahlreiche Mittelstufen je nachdem nämlich das Selbstbewusstsein nicht gänzlich erloschen ist, (sehr lebhafte Träume) die Sinnesorgane für einzelne Eindrücke aus der Aussenwelt noch zugänglich sind oder Umsetzungen von Vorstellungsreizen zu Bewegungen in den motorischen Centren stattfinden können.

Während im gewöhnlichen Traumleben das selbstbewusste Ich vom Schauplatz ganz abgetreten ist, sich aller Controle und Aufmerksamkeit begeben hat und natürlich, wenn der Traum vorüber ist, von Allem Geträumten Nichts weiss, während ferner das Bewusstsein einfach der Schauplatz regellos vorüberziehender Vorstellungs- und Sinnesbilder ist und die perceptiven und motorischen Funktionen ganz ausser Thätigkeit sind, kann es kommen, dass die Traumbilder einen logischen Zusammenhang bekommen, nach dem Traum erinnert werden oder auf die Auslösung

von Bewegungen einen Einfluss gewinnen (besonders lebhafte Träume). Dieser letzte Umstand ist der einzige, der
eigentlich dem Zustand des Träumens eine forensische Bedeutung verleiht, insofern als die Frage entstehen kann, ob
eine von einem Menschen angeblich im Traum begangene
rechtswidrige Handlung möglich ist und ihm zugerechnet
werden kann. Die Erfahrung lehrt das Gegentheil. Wir
sehen unter Umständen im Traum wohl, dass Vorstellungen
einen Einfluss auf Bewegungen gewinnen, immer aber nur
auf einfache, höchstens die Funktion einzelner Muskelgrup-
pen in Anspruch nehmende, nie ist es denkbar, dass com-
plicirte, zweckmässige Bewegungen wie sie zu einer Handlung erforderlich sind im Traum erfolgen. Die Behauptung,
dass Jemand eine verbrecherische Handlung im Traum ausgeführt habe, ist deshalb forensisch nicht statthaft und
beruht auf einer absichtlichen Täuschung oder einer Verwechslung mit einem der im folgenden zu besprechenden
Zustände der Schlaftrunkenheit oder des Schlafwandelns.

Die forensische Berücksichtigung des Träumens wäre
mit dieser Abweisung erledigt, wenn nicht in seltnen
Fällen der merkwürdige Zustand einträte, dass die nach
lebhaftem Traum zurückbleibende Erinnerung an die Traumerlebnisse, statt wie unter normalen Verhältnissen vom
Selbstbewusstsein und der controllirenden Thätigkeit der
Sinne und des Verstandes als Fiction anerkannt zu werden,
als wirkliche Begebenheit angenommen würde und rechtliche Consequenzen haben könnte. Das Vorkommen dieses
merkwürdigen psychischen Zustandes, der, wenn er bestehen
bliebe, den Menschen sofort in Wahnsinn versetzen würde,
scheint nur unter pathologischen aber noch unbekannten
Bedingungen vorzukommen *). Prof. Jessen hat in seiner

---

*) Es scheint uns nach bei Irren gemachten Beobachtungen
nicht unwahrscheinlich, dass dieser Zustand bei ihnen nicht selten
vorkommt, und manche Wahnideen derselben nicht corrigirten
Träumen ihre Entstehung verdanken.

trefflichen Abhandlung über den Traum (empir. Psychologie
p. 543) mehrere dahingehörige Fälle zusammengestellt. Dass
dieses seltne Vorkommmen auch für die forensische Praxis
Bedeutung gewinnen kann, beweist folgender von Hofer in
Henke's Zeitschr. 1828 Bd. 16 p. 359 mitgetheilter Fall von
Denunciation eines Mords in Folge eines Traums. Ebenso
leicht wäre die Anschuldigung einer vermeintlichen Ent-
wendung geträumter Gegenstände (s. Jessen, op. cit. p. 543)
oder Meineid in Folge der Verwechslung eines Traums mit
der Wirklichkeit denkbar.

Beobachtung 1.

Am 27. Aug. 18.. denuncirte der Sträfling Hildebrand
in Ludwigsburg einen Müllersknecht Rittler von R. und
die Müllerin von R., dass letztere ersteren zur Ermordung
ihres Ehegatten vor 5 Jahren gedungen und jener den
Müller dadurch umgebracht habe, dass er ihn ins Wasser
stürzte und solange niederhielt, bis er keine Lebenszeichen
mehr von sich gab. Hildebrand wollte, als er noch mit
R. diente, von diesem es erzählt bekommen aber vergessen
haben bis er jetzt, nach 5 Jahren, davon wieder geträumt
hatte. Ein Geistlicher, dem er den Traum gebeichtet hatte,
hatte ihn aufgefordert, die Anzeige bei der Obrigkeit zu
machen. Da sich wirklich ergab, dass der Müller von R.
vor 5 Jahren todt im Wasser aufgefunden worden war, obwohl alle Umstände darauf deuteten, dass er betrunken selbst
hineingefallen war, wurden die Denuncirten verhaftet und
eine Untersuchung eingeleitet. Diese ergab negative Resul-
tate, einen vortrefflichen Leumund der Angeschuldigten,
keine Motive der That, ein Alibi für den supponirten Mörder und überhaupt Umstände, die den angeschuldigten Mord
durchaus unwahrscheinlich machten. Dazu kam die Sonder-
barkeit, dass H. Jahre lang geschwiegen hatte, nicht an
die Sache gedacht haben und erst durch einen Traum an
sie wieder erinnert sein wollte. Damit gewann die Ver-

muthung Raum, dass H's. Denunciation einfach auf einen
Traum beruhen möge, was auch die fernere Forschung be-
stätigte. H. stammte von einer epileptischen Mutter, war
selbst epileptisch, geistig beschränkt, hatte wiederholt dem
Nachtwandeln ähnliche Zustände dargeboten und erst kürzlich bei Gelegenheit eines Traums, dass der Gefangenwärter
zu ihm gekommen sei und ihm verkündet habe, dass sein
Bruder gestorben sei, beim Erwachen wirklich an den Tod
seines Bruders geglaubt, »weil der Gefangenwärter es ihm
gesagt habe.«

Er wunderte sich selbst, dass er von dem vermeintlichen
Mord früher nichts gesagt habe, so unbefangen den bethei-
ligten Personen gegenüber geblieben sei und es nicht früher
gebeichtet habe womit ihm selbst die vom Gericht nahe
gelegte Annahme, dass er die Sache nur geträumt habe,
plausibel wurde; doch konnte er nie zur klaren Erkenntniss
dass er wirklich nur geträumt habe, gelangen.

Die Denuncirten wurden darauf sofort vom Criminal-
senat freigesprochen und sämmtliche Untersuchungskosten
auf den Fiscus übernommen.

2) Der Zustand der Schlaftrunkenheit Somnolentia. Status somnolentus.

Literatur:

Pyl, Repertor. f. d. öffentl. u. gerichtl. Arzneiwissenschaft 1793.
  Bd. III. Nr. 4;
Möller, gerichtl. Arzneiwissensch. Bd. II.
Klein's Annal. VIII. 1791.
Vogel, Beiträge z. Lehre v. d. Zurechnungsf. p. 147.
Wildberg, Jahrb. d. ges. Staatsarzneikunde II. p. 32.
Krügelstein, Promptuar. med. forens. Bd. II. (art. somnolentia).
Meister, Urtheile u. Gutachten in peinlichen u. a. Straffällen
  1808. p. 2.
Most, Encyclopädie Bd. II, p. 668.
Mende, Hdb. d. ger. Med. 6. Bd. p. 267. §. 320.

— 6 —

Heinroth, Störgeu des Seelenlebens, Leipzig 1818. II. Thl. §. 434.

Siebenhaar, encyclop. Hdb. d. ger. Arzneikde. Bd. II. p. 427.

Mauchard, Repertor. f. empir. Psychol. Bd. II. p. 119.

Ammon, de somni vigiliarumque statubus morbosis, (Haaper, novus thesaur. semiot. pathologiae, Lips. 1825).

Blumröder, üb. Einschlafen, Schlaf, Aufwachen, Friedr. Magaz. f. Seelenkde. H. 3. p. 87, H. 6. p. 170.

C. F. Heusinger, Commentat. semiologica de variis somni vigiliarumque conditionibus morbosis etc. Eisenach 1820.

Macnish, the philosophy of sleep 3. edit. Glasgow 1845.

Hoffbauer, d. Psychol. in ihren Hauptanwendungen auf d. Rechtspflege. Halle 1818. p. 288.

Schnitzer, Lehre v. d. Zurechnung. cap. XVI.

Hesse, nächtl. Aufschreckon d. Kinder im Schlaf. Altenb. 1847.

Marc-Ideler, II. p. 488.

Hoffbauer, d. psych. Krankh. 1844. p. 194.

Krügelstein, Henke Ztschr. 1853. Bd. 65. p. 183. 455.

Succow, ibid. 1851. p. 346.

Büchner, ibid. X. p. 39.

Schmidtmüller, ibid. 1841. 1. Bd. p. 180.

Krügelstein, ibid. Bd. 66. p. 316.

Henke, Lehrb. d. ger. Med. 2. Ausg. p. 181.

Friedreichs Blätter, 1852. H. 1—2. p. 12—25.

Friedreich, Compendium der gerichtl. Anthropol. II. Aufl. 1853. p. 181.

Oesterr. Ztschr. f. pract. Heilkde. 1854. 46. (Prager Vierteljahrsschr. 1856. H. 2. p. 130.)

Brierre de Boismont des hallucinations, 3e édit. obs. 155. p. 702.

Casper, Lehrb. biol. Thl. p. 572.

Schilling, Casper, Vierteljahrschr. XII. 2.

Arens in Casper, Vierteljahrschr. X. H. 2. p. 327—351.

Jessen, empir. Psychologie p. 622.

Krahmer, Lehrb. d. ger. Med. II. Aufl. p. 226.

Wilbrand, Lehrb. p. 284.

Le Grand du Saulle la folie devant les tribunaux p. 282.

Buchner, Lehrb. d. ger. Med. p. 152.

Lauber, Körperverletzung, verübt im Zustand der Schlaftrunkenheit. Friedreichs Blätter f. ger. Med. 1868. H. 2.

Unter Schlaftrunkenheit verstehen wir jenen eigenthümlichen Zwischenzustand zwischen Schlafen und Wachen welcher entsteht, wenn statt dass wie beim normalen Erwachen das Selbstbewusstsein und die davon abhängige Besonnenheit sofort wiederkehren, durch aus dem Traumleben mit herübergenommene Traumvorstellungen und Sinnestäuschungen oder durch verfälschte Apperceptionen aus der noch nicht zum Bewusstsein gekommenen realen Welt die Wiedergewinnung des Selbstbewusstseins und der Besonnenheit verzögert wird. Ein der Schlaftrunkenheit sehr nahestehender Zustand findet sich in der Zeit unmittelbar vor dem Einschlafen, wo ebenfalls das Selbstbewusstsein und die apperceptive Thätigkeit entschwinden und Reihen von spontan aufstrebenden Vorstellungen und Sinnesbildern, wirr und ordnungslos am Bewusstsein vorüberziehen *).

Ein solcher Zustand der Schlaftrunkenheit ist nicht selten. Seine nächsten Bedingungen sind entweder innere, nämlich beängstigende, lebhafte Traumvorstellungen, die ein plözliches Aufschrecken aus dem Schlaf erzeugen, oder äussere, eine plötzliche Erweckung aus dem Schlaf durch heftige Sinneseindrücke oder gewaltsame Aufrüttelung.

Ein Beispiel dieses schlaftrunkenen Aufschreckens kann ich aus eigner Erfahrung mittheilen.

Beobachtung 2.

Es war einige Tage nach einem ziemlich anstrengenden und längerdauernden Staatsexamen, dass ich nach mehreren unruhigen und durch öfteres Aufwachen gestörten Nächten zum erstenmal wieder recht fest schlief. Gegen Morgen belästigte mich die Traumvorstellung eines hässlichen alten Juden, der mich in einen Graben hinabwerfen

---

*) Vgl. über diesen Zustand Vogel, op. cit. p. 151. Hoffbauer, p. 283; Thomasius, dissert. de jure circa somnum et somnia, Halae 1687.; Jessen, op. cit. p. 514.

und berauben wollte. Ich schreckte ängstlich auf, machte eine abwehrende Bewegung gegen den vermeintlichen Juden, den ich auch fest zu fassen glaubte und aus Leibeskräften von mir abschüttelte. Ueber einem heftigen Lärm erwache ich und finde zu meiner grossen Ueberraschung einen grossen massiven Nachttisch vollkommen demolirt in einer entgegengesetzten Ecke des Zimmers, den ich im Wahn, den Juden abzuwehren mit im wachen Zustand unmöglicher Kraftleistung fortgeschleudert hatte. Weder vor- noch nachher habe ich einen derartigen Zustand an mir beobachtet.

Einen ähnlichen Fall, wo ein äusserer Sinneseindruck den Schlaf unterbrach, berichtet der durch die forensische Begutachtung des ersten Falls von Schlaftrunkenheit (Schidmaizig) bekannte Criminalrath Meister (op. cit. p. 2) aus seinem eignen Leben: *)

Beobachtung. 3.

Ich war an einem heissen Sommertag 8 Meilen weit reisend der Sonnenhitze sehr ausgesetzt gewesen und schlief gegen Abend im Hause eines Freundes angelangt, müde und mit etwas Kopfweh auf einem Sopha ein. Ich schlief ziemlich tief und traumlos. Da kommt die Dame des Hauses mit einem Licht ins Zimmer, ich erwache plötzlich aber in dumpfer Verworrenheit und mit dem unklaren Bewusstsein der Annäherung eines Gegenstands. Ein schauderhaftes Entsetzen ergreift mich, eine schreckliche unbestimmte Furcht. Der dunkle Drang, mich gegen den nahenden Gegenstand zu vertheidigen erwacht, ich nehme einen Stuhl, er ist schwer, ich schwinge ihn voll Entsetzen mit Leichtigkeit und will ihn gegen die Dame schleudern. Diese verliert nicht die Geistesgegenwart, frägt ruhig was ich

---

*) s. einen ähnlichen Fall eines Arztes, der früher Nachtwandler war und später häufig Anfälle von Schlaftrunkenheit hatte, von diesem selbst beschrieben in Henke, Ztschr. Bd. 66. p. 325.

machen wolle — und da mit einemmal beim Hören ihrer
Stimme kommt mir das Bewusstsein und die Besonnenheit,
ich entschuldige und schäme mich.

Die Schlaftrunkenheit als solche ist nur ein ganz vorübergehender Zustand, da aus begreiflichen Gründen durch
Eintreten von äussern Sinneseindrücken, besonders Gehörs-
wahrnehmungen, die Besonnenheit bald wiederkehren muss.
In der Regel dauert er nur wenige Minuten, in seltenen
Fällen, besonders wenn neue Sinnesdelirien aus einwirken-
den Sinnesreizen erzeugt werden und den Zustand von Sinnesverwirrung unterhalten, kann die Besonnenheit erst
später zurückkehren (s. Henke Ztschr. 1841 p. 180)

Die Erinnerung an die Erlebnisse des schlaftrunkenen
Zustands ist immer nur eine höchst summarische wie überhaupt bei allen Seelenzuständen, in welchen das Selbstbewusstsein tiefere Störungen erlitten hat oder gänzlich aufgehoben ist.

Unter die prädisponirenden Momente für die Entstehung
der Schlaftrunkenheit lassen sich zunächst alle diejenigen
Umstände rechnen, welche den Schlaf besonders tief machen.
Deshalb kommt dieser Zustand auch vorzugsweise bei jün-
geren Individuen, bei denen der Schlaf erfahrungsgemäss
ein viel festerer als in reiferem Alter ist, vor. Aus dem
gleichen Grund fallen die bekannt gewordenen Fälle von
Schlaftrunkenheit fast ausschliesslich in die erste Zeit des
Schlafs, wo eben der Schlaf ein viel tieferer ist, als gegen
Morgen. Schon die gewöhnliche Selbstbeobachtung lehrt,
dass nur da, wo nach regelmässigem Schlaf das Erwachen
oder Erwecktwerden zu gewohnter Stunde eintritt, auch
sofort die Besonnenheit sich einstellt, während bei einer
Unterbrechung eines noch nicht lange genossenen Schlafs
es längerer Zeit bedarf, um Selbstbewusstsein und Besonnenheit wiederzugewinnen.

Ebenso begünstigen alle aussergewöhnlichen Bedingungen, welche den Schlaf besonders tief machen, z. B. grosse
Strapazen, lange Entbehrung des Schlafs, Excesse im Trin-

keu, besonders narcotische Getränke, ausgestandne grosse Hitze, ein heisses Schlafzimmer, dessen Temperatur ungewohnt ist, schwer verdauliche reichlich genossene Speisen etc. das Zustandekommen von Schlaftrunkenheit. Es gibt ferner Menschen, in deren Constitution es schou liegt, dass sie einen ungewöhnlich tiefen Schlaf haben, aus dem sie erweckt ziemlich schwer zu sich kommen; man trifft sie vielfach unter der arbeitenden Klasse.

Auch scheint es Familien zu geben, in denen verschiedene Glieder zu Schlaftrunkenheit disponirt sind und Fälle bei mehreren vorkommen.

Ein solcher Fall ist der von Succow berichtete, wo sowohl der vom Sohn in schlaftrunkenen Zustand getödtete Vater als ein weiterer Sohn desselben an Schwindel, unruhigem Schlaf, Beängstigungen und ängstlichen Träumen vielfach litten. Es scheint sich in solchen Fällen um nervöse Constitutionen zu handeln, bei denen sich zuweilen noch andre Neurosen finden dürften.

Ein ebenfalls Berücksichtigung verdienendes Moment für die Entstehung schlaftrunkener Zustände scheint zu sein, wenn Jemand unter beängstigenden Vorstellungen einschlief (Succows Fall) die sich vielleicht in sein Traumleben hinüberzogen und ihn beim Erwachen praeocupirten oder Jemand kurz vorher Affekten, Aufregung etc. ausgesetzt war (Schidmaizig).

Bemerkenswerth ist ferner, dass Fälle von Schlaftrunkenheit bisher nur bei Personen männlichen Geschlechts beobachtet wurden *). Der Zustand des Schlaftrunkenen ist für die forensische Medicin von hoher Wichtigkeit, da dieser nicht wie der Träumende in einem motorisch gebundenen Zustand sich befindet, sondern Handlungen vollbringen kann die als schwere Verbrechen erscheinen, während er doch

---

*) Der in Henke's Ztschr. 1823 H. 2 p. 309 berichtete Fall einer Mutter, die ihr 24 Wochen altes Kind in Schlaftrunkenheit ? getödtet haben soll, lässt eine andere Deutung zu.

nur unter dem Einfluss von Traumvorstellungen, Sinnestäuschungen und falschen Apperceptionen handelt, deren
Berichtigung ihm in seinem Zustand (Siebenhaar a. a. O.
p. 497 nennt ihn bezeichnend ein psychisches Umdämmert-
sein) zur Zeit der That nicht möglich war.

Die Annalen der gerichtlichen Medicin enthalten eine
Reihe von strafbaren im Zustand der Schlaftrunkenheit
verübten Handlungen. Wie Krügelstein in seiner Mono-
graphie richtig bemerkt, sind es vorzugsweise Fälle von
Todtschlag, die in diesem Seelenzustand begangen werden.
Einen der lehrreichsten theilt Dr. Succow mit *).

Beobachtung 4.

Der 27 jährige A. lebte bei seinen Eltern, deren Gut er
durch Kauf übernommen hatte, und genoss wie seine Familie des besten Leumunds. Vater und Sohn waren Abends
von der Jagd zurückgekommen und hatten wie gewöhnlich
ihre geladenen Gewehre in die Schlafkammer mitgenommen,
da in letzter Zeit sich Diebe in der Gegend umhertrieben
und sie einen Einbruch befürchteten. Mit dieser Besorgniss
war der Sohn eingeschlafen. Bald nach Mitternacht erhob
sich der Vater und ging auf den Abtritt. Bei seiner Rück-
kehr knarrte die neue Abtrittthüre. Da sprang der Sohn
aus dem Bett, ergriff seine Doppelflinte legte an und schoss
den Vater mitten durchs Herz. Zugleich stürzte er mit
den Worten »Hund, was willst du hier im Alkoven« auf

---

*) Weitere Fälle s. Pyl, Repertor. Bd. III. (Klein's Annal.
VIII.) Wildberg, Jahrb. d. ges. Staatsarzneikunde II. p. 32 und
VI. H. 3 (Henke's Ztschr. Bd. 66. p. 317), Oesterr. Zeitschr. f.
pract. Heilkde 1855. p. 46. Fall eines Menschen, der aus einem
Traum, dass er mit einem Wolf kämpfe aufschreckt und den neben
ihm schlafenden Freund mit einem Messerstich tödtet. S. f. Hesse,
op. cit. p. 93. Vergewaltigung an der Ehefrau in Schlaftrunkenheit (wiederholte Anfälle); s. f. Casper, Vierteljahrsschr. XII. 2.
p. 327. Archives génér. de méd. 1827.

den Vater zu und packte ihn am Arm. Dieser aber sank mit dem Ruf: »O Jesus« todt zu Boden. Nun erst erkannte der Sohn den Vater und fiel mit den Worten »O Jesus, es ist mein Vater« neben ihm nieder.

A. erklärte im Verhör, dass er den Schuss im Schlaf und aus dem Wahn, dass Diebe eingebrochen seien, gethan haben müsse.

Er erinnerte sich nur, dass er ein Knarren gehört habe, aufgesprungen sei, das Gewehr ergriffen und nach der Richtung des Knarrens hingeschossen habe.

A.'s Vater und Bruder litten an Hämorrhoidalbeschwerden, Schwindel, unruhigem Schlaf und ängstlichen Träumen, auch A. hatte besonders zur Zeit des Vollmonds, in welche auch der unglückliche Schuss fiel, unruhigen Schlaf und ängstliche Träume, aus denen er häufig aufschreckte und dann gewöhnlich in einem mehrere Minuten dauernden Zustand ängstlicher Verwirrung blieb.

Ein Motiv, den Vater zu ermorden, lag nicht vor, die Leute lebten im besten Einvernehmen, das Benehmen des A. im Gefängniss war das eines vom aufrichtigsten Schmerz Ergriffenen, auch wurde an ihm einmal ein ähnlicher Zustand ängstlichen Aufschreckens aus dem Schlaf beobachtet. Offenbar war A. aus unruhigem durch Vollmond, und die Furcht vor einem Einbruch gestörten Schlaf beim Knarren der Thüre aufgeschreckt und hatte in schlaftrunkenem Zustand, präoccupirt von der Idee, dass Diebe eingebrochen seien, ganz automatisch sein zur Hand liegendes Gewehr ergriffen und aufs Gerathewohl abgeschossen, so dass die unglückliche Richtung des Schusses nur als Zufall angesehen werden kann. Fast zu den gleichen Schlüssen kam das ausführliche und lesenswerthe Gutachten.

Ein interessantes Beispiel von Insubordination in Schlaftrunkenheit theilt Büchner (loc. cit.) mit.

Beobachtung 5.

Ch. Jünger, Gardist, 22 Jahr, seit 3 Jahren Soldat, von der besten Aufführung und stillem ruhigem Charakter, ohne erbliche Anlage zu Neurosen oder Psychosen, in seiner Erziehung vernachlässigt, schlief auf einer Pritsche in der Wachtstube Mittags vor 12 Uhr, als der Corporal ihn zu erwecken versuchte, um ihn die Stube kehren zu lassen. J. erhob sich, packte den Corporal, ohne etwas zu sprechen, an der Brust, zog seinen Säbel und hieb auf ihn ein, doch gelang es diesem, mit dem seinigen den Hieb zu pariren. Da J. fortfuhr, um sich zu hauen, wurde er von den anwesenden Soldaten entwaffnet und arretirt. Er setzte sich lautlos und ruhig auf die Pritsche.

J. hatte am vorausgehenden Tag und am Morgen der That bei kalter Witterung Posten gestanden, die Nacht durch Karten gespielt, nur wenig getrunken und war Morgens vor Müdigkeit in der heissen Wachtstube eingeschlafen. Bei der Untersuchung ergab sich, dass er geträumt hatte, er stehe auf Posten, ein Kerl packe ihn am Haar, und nehme ihm sein Gewehr, worauf er seinen Säbel gezogen und auf ihn eingehauen habe. Von dem, was wirklich passirt war, wusste er Nichts. Er konnte nicht begreifen, dass er, der auf Subordination so streng hielt, so etwas gegen einen Vorgesetzten sich habe zu Schulden kommen lassen. Das Gutachten nahm einen Zustand der Schlaftrunkenheit an, worauf die Freisprechung erfolgte.

Dass auch Selbstmord in einem derartigen Zustand psychischer Umneblung möglich ist, beweist ein von Bergk (psychol. Lebensverlängerungskunde Leipz. 1804. p. 408) mitgetheilter Fall *).

---

*) s. f. Krügelstein, H. Ztschr. Bd. 65. p, 472 ein weiterer Fall von Selbstmord in angeblicher, aber nicht sicher gestellter Schlaftrunkenheit: s. f. Horn's Archiv 1822. p. 494.

Beobachtung 6.

Ein junger Kaufmann kam nach einer längeren unununterbrochen mit Extrapost gemachten Reise in Leipzig an. Körper und Geist waren sehr angegriffen. Kaum angekommen, schlief er auf einem Stuhl ein und träumte, dass er sich selbst umbringe. Plözlich sprang er mitten in diesem Traume mit dem Ausruf »was man einmal thut, muss man ganz thun« auf, trat vor den Spiegel und gab sich mit dem Federmesser mehrere Stiche in Hals, Brust, Arme, bis er ohnmächtig zusammenstürzte. Dem herbeigerufenen Arzt erzählte er sodann den ganzen Inhalt des Traums mit der festen Versicherung, dass er weder eine Ursache noch den Willen zu seiner That gehabt hatte.

Diese Beispiele werden genügen zum Beweis, dass jeder Gerichtsarzt in die Lage kommen kann, sich über eine im Zustand fraglicher Schlaftrunkenheit begangne That aussprechen zu müssen.

Ueber die Nichtzurechenbarkeit einer in solchem Zustand begangenen That kann kein Zweifel bestehen, wenn man bedenkt, dass das Selbstbewusstsein dabei fehlt, und mit ihm die Besonnenheit, dass die Apperceptionen verfälscht oder unmöglich sind, das Bewusstsein von Traumbildern und Sinnestäuschungen erfüllt ist und die That, welche damit physiopsychologisch nur den Character einer automatischen oder Reflexaction, juristisch den einer blossen Begebenheit hat, aus ihnen entstanden ist.

Schwieriger als die Beurtheilung der sicher als Ausfluss eines schlaftrunkenen Zustands nachgewiesenen That wird gerade der Nachweis desselben sein und der Gerichtsarzt auf seiner Hut sein müssen, da solche Zustände schon vorgeschützt worden sind *) und zudem so selten von Zeugen

---

*) Casper, Lehrb. biol. Thl. Fall 173. Ein in angeblicher Schlaftrunkenheit erduldeter Beischlaf.

beobachtet, so vorübergehend und weder von Prodromen
noch consecutiven Symptomen begleitet sind, dass nur die
näheren Umstände der That und die Aussagen des Angeschuldigten verwerthbar erscheinen. Umso grössere Sorgfalt muss desshalb auf die prädisponirenden und occasionellen Bedingungen s. o. verwandt werden.

Die Untersuchung wird sich wesentlich um folgende
Punkte zu drehen haben.

a) Bezüglich der Individualität: ob schon früher ähnliche Zufälle wie der angegebene wahrgenommen oder abnorme Nervenerscheinungen beobachtet wurden oder dieselbe
aus einer Familie stammt, in der ähnliche Zustände sich
vorfinden. Ob und welche prädisponirende oder occasionelle
Momente die erfahrungsgemäss schlaftrunkene Zustände
herbeiführen können, s. o. nachweisbar sind, mit besondrer
Berücksichtigung, wie der Schlaf gewöhnlich und die Art
des Erwachens ist, ob der Betreffende in der Regel rasch
seine Besonnenheit wieder gewinnt oder leicht in Verwirrung geräth. Ferner welche äussere oder innere Ursachen
für die Unterbrechung des Schlafs sich ergeben.

b) Bezüglich der Zeit ist nöthig zu wissen, ob die
That wirklich in die Zeit des gewöhnlichen Schlafs fiel,
wie lange dieser schon gedauert hatte und wie lange der
angeblich schlaftrunkene Zustand andauerte.

c) Bezüglich der That selbst ist klar, dass sie nicht
prämeditirt sein kann und immer den Character einer unbewussten zufälligen an sich tragen muss.

d) Bezüglich der näheren Umstände derselben ist wichtig zu ermitteln, dass die That zeitlich unmittelbar in den
Moment des Erwachens oder Erwecktwerdens fällt und nicht
zwischen That und Erwachen Reden und Handlungen sich
constatiren lassen, die beweisen, dass Selbstbewusstsein und
Apperception schon wiedergekehrt waren, womit natürlich
die Annahme eines schlaftrunkenen Zustandes dann nicht
mehr haltbar ist. Die Nützlichkeit eines öftern Ausfragens
über die nähern Umstände der That ist dabei naheliegend.

Die innere Wahrscheinlichkeit derselben, ihr Zusammen-
stimmen unter sich und mit dem bisher bei Fällen von
Schlaftrunkenheit beobachteten Geschehen spricht natürlich
dabei zu Gunsten des Angeklagten.

Wichtig ist ferner die genaue Prüfung, welchen Zeitabschnitt und welche Punkte die Erinnerung umfasst. Bei
wirklicher Schlaftrunkenheit wird die Erinnerung immer
nur eine summarische sein und nur den subjectiven Inhalt
des Traumbewusstseins nicht aber den objectiven Sachver-
halt in sich begreifen.

Die allgemeinen psychologischen Kriterien der Unfreiheit einer That, die Prüfung des Vita anteacta, die Leu-
mundsfrage, die fehlende causa facinoris, das Benehmen
nach ,der That werden ebenfalls heranzuziehen sein, sind
aber allein für sich gewiss nicht massgebend, wie Casper
will, da auch ein notorisches mauvais sujet in Schlaftrunkenheit verfallen und in diesem Zustand eine straffällige
Handlung begehen kann.

Mit der sorgfältigen Beachtung dieser Anhaltspuncte
dürfte die Herstellung des subjectiven Thatbestands wohl
immer gelingen und die Gefahr, ein Verbrechen mit der
Annahme von Schlaftrunkenheit zu entschuldigen, leicht zu
vermeiden sein.

8) Der Zustand des Schlafwandelns. Nachtwandeln. Som-
nambulismus.

Literatur:

P. Zacchias, Quaest. med. legal. francof. ad Moen. 1668. lib. II.
Quaest. 12.
Fr. Hoffmann, de somnambulis. Halae 1695.
Richter, de statu mixto somni et vigil. diss. Götting. 1756.
Knoll, Abhdlg. v. Nachtwandeln. Quedlinb. 1753.
Meier, Versuch einer Erklärung des Nachtwandelns. Halle 1758.
Hennings, v. d. Träumern u. Nachtwandlern. Weimar 1784.
Frick, commentat. de noctambul. Halae 1773.

Nasse's Ztschr. f. psych. Aerzte. 3. Jahrg. 2. Heft. p. 406.

Stelzer, üb. den Willen. Leipzig 1817. p. 268 u. 283.

Hartmann, d. Geist d. Menschen etc. Wien 1820. p. 323.

Hoffbauer, d. Psychologie etc. Halle 1808. p. 221. p. 157—60.

Masius, Handb. Stendal 1821. p. 656.

Vogel, d. Lehre v. d. Zurechnung. Stendal 1825. p. 123.

Fahner, simulirt. Somnamb. (System d. ger. Arzneikde. Stendal
1795. Bd. I. p. 43.)

Mende, Hdb. 1832. p. 262.

Friedreich, Lehrb. d. ger. Psych. 1835. p. 809.

Maass, pract. Seelenheilkunde 1847. p. 301.

Siebenhaar, Hdb. art. Nachtwandeln, Schlafsucht.

Heinroths System. §. 58.

Ideler, Biographieen Geisteskranker 1841. p. 63. 93.

Henke, Lehrb. §. 280.

Krügelstein, Henke's Ztschr. 1843. H. 4.

Wittke, ibid. 1853. p. 368.

Dornblüth, ibid. 1852. p. 145.

Klose, System. d. gerichtl. Physik. p. 177.

Carus, Vorlesungen p. 313.

Gandolfi, fondamenti di med. tom. I. p. 425.

Casper, Lehrb. biol. Thl. p. 572.

Krahmer, Lehrb. p. 226.

Buchner, Lehrb. p. 153.

Legrand du Saulle, la folie etc. chap. VIII. p. 275.

Mesnet, études sur le somnambulisme. 1860.

Jessen, Psycholog. p. 570.

Macario, Annal. méd. psychol. 1847. Janvier, p. 46.

Legrand du Saulle, discussion méd. legal. sur le crime et le
suicide accomplis pendant le sommeil somnambulique in
Annal. d'hygiene publique. 1862. Juillet p. 141.

Brierre de Boismont des hallucinations 3e. edit. 1862.
p. 326 — 347.

Journal of psychological medicine. January 1856. art. Som-
nambulism.

A. Maury, Annal. méd.-psychol. 1860. avril p. 295.

Bourgarel, Union méd. 1861. Nr. 6.

An die Betrachtung der Zustände des Traums und der
Schlaftrunkenheit reiht sich am passendsten jener eigenthümliche Nervenzustand, der unter dem Namen des Schlaf-
oder Nachtwandelns bekannt ist. So eigenthümlich und
fremdartig die Erscheinungen dieses Zustands sind, so stehen
sie doch nicht unvermittelt den übrigen Lebensäusserungen
des wachenden und schlafenden Menschen gegenüber. Es
gibt offenbar Fälle von lebhaften Träumen, besonders bei
Kindern, bei welchen die sonst ruhende motorische Sphäre
von den Traumvorstellungen in Erregung versetzt wird und
Impulse in die Centren der Sprache und der Lokomotion
stattfinden (Schlafreden, Bewegungen im Traum) ebenso
Fälle von plötzlichem Erwecktwerden aus tiefem Schlaf in
denen Handlungen möglich sind, die nicht vom Selbstbewusstsein ausgehen und demgemäss nicht erinnert werden
(s. d. interessanten Fälle bei Jessen, Psychologie p. 540.
546), andrerseits kommen aber auch dem wachen Seelenleben
Zustände zu, die an die Erscheinungen des Somnambulismus
erinnern. So führen wir durch automatische coordinirende
Thätigkeit des Rückenmarks zweckmässige Bewegungen
aus, begehen Handlungen und dergl., von denen unser
Selbstbewusstsein nichts weiss; (Concentration durch tiefes
Nachdenken oder Versunkensein in sinnliches Beschauen
u. s. w.) ein analoger aber pathologischer Zustand ist ferner die Extase, in welcher durch mächtige, überströmende
Gefühlserregungen die Apperception der Sinneswelt aufgehoben und das Selbstbewusstsein tief verändert ist.

Gestützt auf diese Analogieen lässt sich das Schlafwandeln phänomenologisch als ein Zustand bezeichnen, in
welchem bei vollkommen aufgehobenem Selbstbewusstsein
durch die Selbstthätigkeit des Grosshirns Vorstellungen und
Sinnesbilder gleichwie im Traum erzeugt werden, ohne
aber wie bei diesem, in ihrem Uebergang in motorische
Akte gehemmt zu sein, sodass den Traumvorstellungen ad-
aequate und zweckmässige Handlungen möglich sind, wäh-

rend gleichzeitig die Apperception durch die Sinne aufgehoben oder auf die dem Inhalt des Traumbewusstseins entsprechenden äusseren Objecte eingeschränkt ist. Aus dem Fehlen des Selbstbewusstseins ergibt sich daher auch die fehlende Erinnerung für alle realen Begebnisse aus der Zeit des Zustands, wobei auch die Erinnerung für die Traumerlebnisse dieses Zeitabschnitts ganz fehlen kann, so dass der Betreffende sich seines Zustands gar nicht erinnert, oder, wenn etwa Apperceptionen stattfanden und Traumvorstellungen fragmentarisch im Bewusstsein zurückblieben, doch beim Erwachen das, was sich wirklich ereignet hat, nur geträumt zu haben, vermeint. Es fragt sich, ob das Nachtwandeln ein specifischer abnormer Nervenzustand ist oder nur Theilerscheinung andrer Neurosen (status nervosus, Hysterie, Epilepsie u. s. w.), in deren Verlauf es sich allerdings auffallend oft findet, sodass mindestens ein prädisponirendes Verhältniss dieser zu jenem anzunehmen ist. Das gleiche gilt für die Störungen der Pubertätsentwicklung, wie überhaupt der Somnambulismus vorzugsweise im Jugendalter vorkommt und in späteren Jahren immer seltener wird. Beide Geschlechter scheinen gleichmässig dazu disponirt zu sein. In der Regel ist das Schlafwandeln ein Jahre hindurch bei einem Individuum zu beobachtender Zustand; nicht selten folgen sich die einzelnen Anfälle täglich und typisch, oft aber auch ganz unregelmässig zu verschiedenen Zeitperioden. Ein Einfluss des Monds dabei ist keineswegs sichergestellt. Die Anfälle haben unbestimmte Dauer, bestehen zuweilen Stundenlang. Die Anfälle werden immer von Schlaf eingeleitet, können auch bei Tag sich einstellen, zuweilen gehen ihnen leichte Convulsionen oder kataleptische Starre der Muskeln voraus. Entweder geht der Nachtwandler wieder in den Zustand des gewöhnlichen Schlafs über oder er erwacht durch innere oder äussere Anregung, gewinnt aber nicht plötzlich dann seine Besonnenheit wieder, sondern geht durch ein kürzeres oder längeres Stadium von schlaftrunkenartiger Verworrenheit hindurch.

Im Allgemeinen sind übrigens Nachtwandler lange nicht
so leicht zu erwecken, als man gewöhnlich annimmt, viel
weniger als Träumende oder Schlaftrunkene; am meisten
sollen sie noch auf Rufen ihres Namens reagiren.

Die Traumvorstellungen können mehr oder weniger
geordnet und einfache Reproductionen gewohnter Vorstel-
lungsgruppen des wachen Lebens sein oder sie sind mangel-
haft associirt und verworren. Dem entsprechend ist der
Nachtwandler zur Vornahme zweckmässiger Handlungen,
zur Fortsetzung und Besorgung gewohnter Geschäfte fähig
oder er dämmert planlos umher. Die Bewegungen sind
begreiflicherweise ebenso gut coordinirt wie im wachen Zustand, da ja die cerebrospinale Coordination nicht vom Selbstbewusstsein abhängt und sie sind sicher und zweckmässig,
solange der Betreffende in gewohnten Räumen, in denen er
orientirt ist, sich bewegt, gleichwohl sind sie aber automatische, unwillkürliche, ganz entsprechend den Bewegungen, die wir auch im wachen Zustand tiefer Contemplation
oder Concentration ausführen (Gehen, Klavierspielen etc.
bei gleichzeitigem tiefem Nachdenken). Es ist selbstver-
ständlich, dass sich, je nachdem die Traumvorstellungen
geordnet oder verworren, Apperceptionen möglich, Impulse
in den Sprachmechanismus vorhanden sind, verschiedene
Modi des Nachtwandelns ergeben können.

Durch die ungehemmte Auslösung motorischer Acte
von Seiten der Traumvorstellungen erhält aber das Schlafwandeln eine viel grössere forensische Bedeutung als der
Traum und es sind ganz gut strafwürdige Handlungen in
diesem Zustand möglich, die gleichwohl nicht zugerechnet
werden können, da sie nicht vom Selbstbewusstsein aus-
gingen und ohne Willkür vollbracht wurden *).

------

*) Vgl. übrigens Hoffbauer und Fodéré a. a. O., die vom
Grundsatz ausgehend, dass die Handlungen des Nachtwandlers nur
der Ausfluss der im wachen Zustand gehegten Pläne und Ideen
seien, jene ihm zugerechnet wissen wollen. (!)

Dem Gerichtsarzt liegt in solchen Fällen die Aufgabe ob, ausser der Constatirung des somnambulen Zustands, nachzuweisen, dass trotz aller scheinbaren Spontaneität und Willkür dennoch das Selbstbewusstsein ausser Spiel war. Eine derartige Untersuchung stösst auf ähnliche Schwierigkeiten, wie der Nachweis der Schlaftrunkenheit, zu dem sind die Erscheinungen des Somnambulismus noch lange nicht mit der wünschenswerthen wissenschaftlichen Schärfe beleuchtet und ist Simulation auf einem so dunklen und subjectiven Gebiet da und dort unterlaufen.

Eine treffliche Zusammenstellung von meist gut beobachteten Fällen von Schlafwandeln findet sich bei Jessen, op. cit. p. 570—633, beachtenswerth sind auch 3 genau studirte Fälle von Siebert in Henke's Ztschr. 26. Jahrg. 1. p. 192. Obwohl derartige Zustände nicht gerade zu den seltenen gehören, hat doch die gerichtliche Literatur *) nur eine geringe Anzahl von im Zustand der Schlaftrunkenheit zu Stande gekommenen Rechtsverletzungen aufzuweisen.

Einen Fall von Tödtungsversuch theilt Legrand du Saulle op. cit. p. 288 nach Fodéré mit.

Beobachtung 7.

Ein Mönch von düsterem Wesen und als Schlafwandler bekannt, begab sich eines Abends in das Zimmer seines Priors, der zufällig noch nicht im Bett lag und an seinem Arbeitstisch sass. Der Mönch hatte ein Messer in der Hand, die Augen offen, und ging geraden Schritts auf das Bett des Prior zu, ohne diesen und das brennende Licht im Zimmer zu bemerken. Er tastete nach dessen Körper im Bett, stach 3 mal das Messer in dasselbe und kehrte mit befriedigter Miene in seine Zelle zurück, deren Thüre er zu-

---

*) Nach Ausschluss der ältern meist schlecht beobachteten und anekdotenhaft mitgetheilten Fälle (s. Pomarius disquis. II. p. 18 und Arend cit. v. Jessen p. 579, 80) disq. phys. med. Bremen 1669. Fälle von Tödtung in Schlafwandeln.

machte. Am andern Morgen erzählte er dem entsetzten
Prior, dass er geträumt habe, dieser habe seine Mutter getödtet und deren blutiger Schatten sei ihm erschienen, um
ihn zur Rache aufzufordern. Er habe sich aufgerafft und
den Prior erdolcht. Bald darauf sei er, in Schweiss gebadet,
in seinem Bette aufgewacht und habe Gott gedankt, dass
es nur ein schrecklicher Traum gewesen sei. Man denke
sich das Entsetzen des Mönchs, als ihm der Prior erzählte,
was vorgefallen war.

Eine ähnliche Geschichte von einem Schustergesellen,
der seit langer Zeit von Eifersucht geplagt, schlafwandelnd
übers Dach zu seiner Geliebten gestiegen, sie erstochen
habe und wieder in sein Bett zurückgekehrt sei, erzählt
Maass, pract. Seelenheilkunde 1847. p. 301 *). M. war
selbst als Kind Nachtwandler und erzählt am gleichen Ort
einige selbst erlebte Anfälle.

In der Union médic. v. 16. Dec. 1861 findet sich der
Fall eines Mannes in Neapel, der Nachtwandler war und
in der Traumvorstellung, dass seine Frau ihm untreu sei,
dieselbe erdolchte.

Ein Beispiel einer Frau, deren Nachtwandeln Theilerscheinung einer complicirten Neurose war und welche in
ihren Anfällen immer Selbstmordversuche machte, berichtet
Mesnet, étude sur le somnamb. 1860.

Bekannt sind die Unglücksfälle, denen Nachtwandler
durch Erklettern von Höhen, Dächern etc. zuweilen ausgesetzt sind; wir übergehen sie, da sie kein direktes foren-
sisches Interesse haben.

Einen Fall von Diebstählen (Verbergen von Gegen-
ständen), die eine Nachtwandlerin, die zugleich an einer
epileptiformen Neurose litt, beging, mit völliger Amnesie
für die in ihren Anfällen ausgeführten Entwendungen, theilte
Dornblüth (Henke, Ztschr. 32. Jahrg. 2. p. 145) mit.

Unwahrscheinlich, aber nicht unmöglich ist der von

---

*) s. f. Stelzer, üb. d. Willen p. 273.

Klose op. cit. p. 177 berichtete Fall eines Predigers, der wegen Schwängerung eines Mädchens seines Amtes entsetzt werden sollte, aber freigesprochen wurde als er nachwies, dass er Nachtwandler sei und den verbotenen Umgang in solchem Zustand gepflogen zu haben, wahrscheinlich machte.

Dass im somnambulen Zustand Frauenspersonen auch geschlechtlich missbraucht werden können, beweist der von Macario (Annal. méd.-psychol. 1847. p. 47) erzählte Fall eines Mädchens, der dadurch besonders interessant ist, dass die Person im normalen Zustand nichts davon wusste und erst im nächsten Anfall von dem erduldeten Coitus Mittheilungen machte, also doppeltes Bewusstsein zeigte.

Es kommen aber auch Fälle vor wo somnambüle Zustände vorgegeben oder simulirt werden um sich einer Strafe zu entziehen, oder um sich interessant oder Geld zu machen. (s. Fahner, System. d. ger. Arzneikunde Bd. I. p. 47. Fall eines Menschen der Nachtwandeln vorschützte um der Strafe eines Mordes sich zu entziehen) Die gerichtliche Medicin dürfte häufiger in der Lage sein hier groben Betrug zu entlarven als den Zustand eines wirklich constatirten Nachtwandelns zu begutachten. Es erwächst hieraus die Nützlichkeit allgemeiner Anhaltspunkte für die Diagnostik solcher Zustände. Da Schlafwandeln keine ephemere Neurose ist, ist es natürlich von der grössten Wichtigkeit, zunächst zu ermitteln, ob sicher constatirte Anfälle von Schlafwandeln bei dem Betreffenden früher schon beobachtet worden sind, ferner die Ermittlung, ob gewisse prädisponirende Bedingungen im Spiel sind, mit besonderer Berücksichtigung etwaiger Neurosen s. o. in deren Begleitung S. nicht selten vorkommt, ferner die Erforschung, ob nicht noch andere Familienglieder an ähnlichen Nervenerscheinungen leiden. Das Zustandekommen einer zweckmässig combinirten, planmässigen That schliesst der Somnambulismus nicht aus; bezüglich der That selbst und ihrer nähern Umstände können sich wichtige Anhaltspunkte ergeben, indem z. B. zu ihrer Ausführung dem wachen Leben unmögliche (Weg übers Dach etc.) Mittel und Wege eingeschlagen wurden.

Was über die psychologischen Kriterien der That bei der Schlaftrunkenheit gesagt wurde, dürfte auch für den Schlafwandler gelten. Wichtig kann es auch sein bei typischen Anfällen zu ermitteln, ob eine That zeitlich mit der gewöhnlichen des Anfalls zusammenfällt. Auch beim Nachtwandeln kann schliesslich die genaue Beachtung, wie sich der Stand der Erinnerung verhält, werthvolle Anhaltspunkte ergeben, wie überhaupt in der psychisch forensischen Medicin der zeitlichen und qualitativen Beschaffenheit des Erinnerungsvermögens gegenüber fraglicher Simulation mehr Aufmerksamkeit als bisher geschenkt werden sollte.

Nie hat der Nachtwandler die Erinnerung für das was in die Zeit seines Anfalls fiel, als Erlebtes, sondern höchstens erscheint ihm das wirklich Geschehene als Geträumtes, wobei es wieder wichtig sein kann wie weit sich zeitlich die Traumerinnerung erstreckt; in der Regel fehlt alle Erinnerung, wie im tiefen Traum oder Schlaf. Jedenfalls ist es unmöglich, dass Jemand der ein Nachtwandler gewesen sein will sich wirklich an ein Factum erinnert das in die Zeit seines Zustandes hineinfällt, während er zeitlich vor oder nachher stattgefundener Begebenheiten sich gar nicht erinnert oder sie nur geträumt zu haben vorgibt. Für die Beurtheilung eines wirklich zur Beobachtung gelangenden Anfalls dürfte das Eingangs Angeführte die Diagnose ob Simulation oder wirklicher Somnambulismus vorhanden erleichtern und die Prüfung des Stands der sinnlichen Apperception die im Paroxysmus ganz aufgehoben ist, oder sich auf das, was mit den das Traumbewusstsein erfüllenden Vorstellungen in Bezug steht, sich beschränkt, nicht zu versäumen sein.

II. Die Intoxicationszustände.

1. Die acute Alkoholintoxication. Ebrietas. Trunkenheit.

Literatur:

Eisenhard, Besondere Rechtsfälle. Thl. I. p. 15.

Stelzer, Ueber den Willen. Leipzig 1817. p. 312.

Klein's Annalen VIII. Nr. 6.

Brühl-Cramer, Trunksucht. Berlin 1819.

Trotter übers. v. Hoffbauer, über die Trunkenheit. Lemgo 1821.

Clarus, Beiträge etc. p. 111.

Henke, Abhandlungen. Bd. IV. p. 271.

Friedreich, Centralarchiv. VI. 2.

Heinroth, Lehrb. d. Seelenstörungen. II. Thl. p. 272.

Mittermaier, neues Archiv des Criminalrechts. Bd. 12. St. 1. p. 25.

Stegman, Henke Zeitschr. 15. Jahrg. 1835. H. 4.

Lenz, Rust's Magazin XXIX. 134.

Friedreich, Lehrb. d. gerichtl. Psychol. 1835. p. 720 (mit Angabe d. älteren Literatur).

Roesch, d. Missbrauch geistiger Getränke in patholog. therapeut. medicinalpoliz. u. gerichtl. Hinsicht. Tübing. 1839.

Leuret, Annal d'hygiène publ. 1840. H. 4.

Roesch, ibid. XX. p. 1. 241.

Marc, die Geisteskrankht. übers. v. Ideler II. p. 416, 445. 462.

Siebenhaar, encyclop. Hdb. art. Trunkenheit.

Henke, Zeitschr. Jahrg. 22. p. 326; 23. p. 158; 26. p. 59. 100; 32. p. 215; 33. p. 428.

Drake, Nasse's Zeitschr. f. Anthrop. 1824. H. 1. p. 224.

Ogston, Edinb. med. Journ. 1833. oct.

Leveillé, histoire de la folie des ivrognes. Paris 1832.

Vogel, Lehre v. d. Zurechnung. Stendal 1825. p. 168.

Hoffbauer, psych. Krankheiten. p. 213.

Masius, Hdb. d. gerichtl. Arzneiwissensch. Bd. I. Abth. 2. §. 455.

Schnitzer, Lehre v. d. Zurechnung. cap. XVII.

Macnish, anatomy of drunkeness. Glasgow 1828.

Weber, Hdb. d. psych. Anthropol. Tübing. 1829. §. 219.

Maschka, Casper Vierteljahrsschr. XXI. 2.

Maass, pract. Seelenheilkde. p. 303.

Carpenter. on the use and abuse of alkoholic liquors. 2 ed. London 1851.

Brierre de Boismont, de la folie des ivrognes Annal. med.-psychol. 1852.

Leubuscher, Path. u. Therap. d. Gehirnkrankheiten 1854. p. 354.

Dusménil, Etude sur la question de l'ivrognerie. 1860.

Toulmouche, de la folie instantanée, Annal. d'hyg. publ. II. série tom 2. Juillet 1854.

Gandolfi fondamenti di medicin. legal. tom 1. p. 404.

Legrand du Saulle, la folie devant les tribunaux. p. 253—74.

— — étude sur l'ivresse; Annal. méd.-psychol. 1861. Juillet.

Casper, Hdb. biol. Thl. p. 553, 562.

Ebers, die Zurechnung, Glogau 1860. p. 56, 135, 228, 235.

Krahmer, Lehrb. d. ger. Med. 2. Aufl. p. 229.

Wilbrand, Lehrb. p. 268.

Delasiauve, Journal de médec. mentale Janv. 1867.

Buchner, Lehrb. p. 154.

Brierre de Boismont, Annal. méd.-psychol. Juillet. 1866. p. 49.

Flemming, Pathol. u. Therapie d. Psychol. p. 115.

Bonnet, Annal. méd.-psychol. 1867. Sept. p. 282.

Berner, Lehrb. d. deutschen Strafrechts. III. Aufl. p. 122.

Ueber wenige Gegenstände der gerichtlichen Medicin ist soviel diskutirt und polemisirt worden als über den Zustand der Berauschung. Während der Gesetzgeber, sich auf den Boden der rechtlichen Imputation stellend, denselben als einen selbstverschuldeten, oder gar beabsichtigten nicht ohne alle Strafe lassen wollte, der Moralist nicht blos die im Rausch begangene Handlung, sondern auch die Berauschung selbst strafbar fand, haben sich die Aerzte mit seltenen Ausnahmen von jeher auf den Boden der psychologischen Imputation gestellt und die Thatsache betont, dass der Rausch, in einen gewissen Stadium, gleichviel, ob verschuldet oder unverschuldet, beabsichtigt oder zufällig entstanden, ein unfreier, in seinen Phänomenen und rechtlichen Consequenzen ein der wirklichen Seelenstörung ganz identischer Zustand sei und die volle Nachsicht des Gesetzes für die in solchem Zustand begangenen rechtswidrigen Handlungen in Anspruch genommen.

Es kann nicht im Plan dieser Arbeit liegen, neue Beweise dafür zu sammeln, dass die ärztliche Anschauung die richtige sei, ebenso wenig, dem Moralisten nachzuweisen, dass es unglückliche Naturen gibt, die organisch zum Trinken disponirt sind, noch dem Gesetzgeber in seinen oft spitzfindigen Unterscheidungen, ob Jemand absichtlich durch Trinken sich zur Ausführung einer That angefeuert, ob er die Wirkungen des berauschenden Getränks auf seine Constitution gekannt hat etc. kritisch zu folgen.

Wir haben es hier nur mit denjenigen Berauschungszuständen zu thun, die eine wirkliche Störung des Selbstbewusstseins herbeiführen und als Zustände transitorischen Irreseins sich durch eine Reihe psychologischer und pathologischer Kriterien deutlich kundgeben. Eine derartige Einschränkung der Phasen der acuten Alkoholintoxication lässt die Frage ganz offen, was von jenen affektvollen und weinwarmen ersten Stadien des Rauschs (Heinroth), die so oft schon deutlich das Bild einer nicht unbedeutenden maniakalischen Exaltation erkennen lassen, forensisch zu halten sei und berücksichtigt nur jene Stadien der Berauschung, welche zwischen dem Zeitpunkt des sich trübenden bis zu dem des erlöschenden Selbstbewusstseins gelegen sind. Diese Zustände umfassen wesentlich den Uebergangszustand des zweiten Stadiums der Berauschung ins dritte, und den Anfang des dritten nach Heinroth *), und gehen nach unten in den des blossen Angetrunkenseins, nach oben in den des Besoffenseins gradatim über.

Obwohl ein ziemlich übereinstimmender Gehirnzustand, nämlich der einer intensiven Hirncongestion diesen Zuständen entspricht, ergeben sich doch verschiedene psychische Symptomencomplexe:

Bald erscheint der Trunkenheitswahnsinn als einfaches acutes Delirium mit Hallucinationen und Illusionen ähnlich dem febrilen, das dann wieder ein systematisches,

---

*) Op. citat. p. 272; Hoffbauer, die Psychologie etc. §. 190.

meist depressives im Sinn eines Verfolgungswahns mit
feindlichen Apperceptionen und heftigen Angstgefühlen sein
kann, oder als ein ganz verworrenes sich gestaltet, in dem
nur einzelne traumartige Delirien auftauchen, oder es nimmt
von vorn herein den Charakter eines raptus melancholicus
an; in anderen, und wie es scheint häufigeren Fällen verläuft der Paroxysmus des Trunkenen unter dem Bild einer
rasch sich steigernden tobsüchtigen Erregung bis zum Zer-
störungsdrang, oder — besonders wenn ein Affekt zur Trunkenheit hinzutrat, und die Störung aus jenem hervorging
— es tritt plötzlich ein heftiger Wuthanfall auf, auf dessen
Höhe sogar Convulsionen ausbrechen können. (ivresse convulsive vgl. Percy et Laurent, dict. des scienc. méd. t. XXVI.
p. 249). Drake, Nasse's Zeitschr. 1824. p. 224.

Die letzteren Zustände nähern sich vielfach den Krank-
heitsbildern der mania transitoria und epileptica, die ersteren den Zuständen des delirium acut. Fieberwahnsinns und
höheren Graden des Verfolgungswahns. Weitaus die meisten derartigen Fälle lassen ausser den psychischen eine
Reihe hervorragender anderweitiger cerebraler Symptome
erkennen. Zunächst die Erscheinungen einer intensiven
Hirncongestion, die sich in der enormen Injection des Ge-
sichts, der Augen, dem heftig klopfenden starkgefüllten und
beschleunigten Carotidenpuls deutlich ausspricht, und neben
der etwa direkt toxischen Wirkung des Alkohols auf die
psychischen Centren wesentlich die Ursache der abnormen
Hirnerscheinungen sein dürfte und zweifellos in einer durch
Alkoholüberreizung bedingten Lähmung der vasomotorischen
Hirnnerven begründet ist. In der Regel besteht dabei zugleich cutane Anaesthesie, Störungen der Sprache und der
willkürlichen Bewegungen. Die Sinnesapperceptionen erfolgen nur noch lückenhaft und verfälscht von Sinnestäuschungen. Gewöhnlich leiten die Zeichen einer beginnenden Hirncongestion — Kopfweh, Schwindel, Funkensehen,
Ohrenbrausen den Anfall ein. Das Selbstbewusstsein trübt
sich immer mehr, bis es zuletzt ganz schwindet; damit fehlt

aber auch die Erinnerung an Alles was vom Augenblicke der eintretenden Congestion bis zur Wiedergewinnung des Selbstbewusstseins vorgegangen, oder ist, in leichteren Fällen wenigstens, nur eine höchst fragmentarische. Diese Amnesie für die Zeit des trunkenen Zustands ist semiotisch für die forensische Beurtheilung desselben jedenfalls höchst wichtig, da sie sonst sich nur bei schweren Störungen der Gehirnfunction vorfindet und quantitativ und qualitativ richtig ausgebeutet und festgestellt, werthvolle forensische Anhaltspunkte liefern kann.

Wenn auch in der Regel ein solcher Zustand acuten Trunkenheitswahnsinns nur den Höhepunkt einer Berauschung bildet, so darf doch forensisch nicht ausser Acht gelassen werden, dass es Fälle gibt, wo zwischen der Zeit der Berauschung und dem Ausbruch des Paroxysmus ein unbestimmter Zeitraum einfacher mässiger Hirnconge- stion liegen kann in dem der Betreffende sich noch an- scheinend vernünftig benimmt und spricht bis plötzlich durch irgend ein occasionelles Moment, meistens einen Af- fekt, heftige und plötzliche Einwirkung der Sonnenhitze u. dgl. der Anfall provocirt wird. Derartige Fälle von mit- telbar aus einer Berauschung hervorgehenden transitorischen Störungen des Selbstbewusstseins sind in der Literatur nicht selten, man darf bei ihrer Beurtheilung nicht vergessen, dass die Wirkung des Alkoholexcesses (Hirnhyperaemie) eine länger dauernde sein kann, und muss sich hüten, nicht auf Rechnung des Affekts zu setzen, was offenbar nur zum Theil diesem zukommt und grösstentheils Fortwirkung eines durch Alkohol schon vorher gesetzten pathologischen Zu- stands ist. Ein zum Ausbruch gelangter Trunkenheits- wahnsinn (vesania ebriosa acutissima) kann bis zu mehre- ren Stunden andauern, indem er in Schlaf oder einen Zu- stand grosser Prostration und Verwirrung übergeht, oder, was bei Gewohnheitssäufern nicht selten ist, in ein meh- rere Tage dauerndes Alkoholdelirium (meist depressiven In- halts mit schreckhaften Hallucinationen) sich fortsetzt oder durch ein Stadium von Sopor (letzter Grad der Besoffenheit) zur Norm wieder zurückkehrt. Zuweilen dauert dieser soporöse Zustand 24 Stunden und darüber, wo dann ödematöse Ausscheidungen in Folge des gesteigerten Blutdrucks ins Gehirn stattgefunden haben mögen, nicht selten erfolgt auch der Tod auf der Höhe der Trunkenheit oder im Sopor durch acutes Hirnödem, Apoplexie cruenta oder Lungenödem.

Ein solcher Zustand acuten Trunkenheitswahnsinns findet sich nicht nur in Folge des übermässigen Genusses berauschender Getränke, sondern es gibt auch Constitutionen, die schon bei Genuss einer an und für sich geringen Menge spirituöser Getränke sofort in die höheren Grade der Trunkenheit verfallen. Diese Fälle sind es aber gerade, welche in die Domaine der gerichtlichen Medicin gehören in dem hier abnorme Hirnzustände hereinspielen, die die toxische Wirkung alkoholischer Getränke eine viel höhere Wirkung erreichen lassen als im physiologischen Zustand. Es ist einleuchtend, dass für die Beurtheilung solcher pathologischer Zustände die Erfahrung des Richters nicht ausreichen kann, und die der ärztlichen Techniker herangezogen werden muss, was aber leider in praxi nicht immer der Fall ist.

Im Allgemeinen lässt sich sagen, dass diese pathologischen Momente unter deren Einfluss der Alkohol die physiologische Wirkung weit übersteigende Zustände hervorrufen kann, wesentlich darin übereinkommen, dass sie die Widerstandkraft des Gehirns gegen fluxionäre Hyperaemieen schwächen und dadurch die neuroparalysirende Wirkung des Alkohols stärker zur Geltung kommen lassen. Ein solcher Zustand abnorm schwacher cerebraler Widerstandsfähigkeit findet sich nun nicht selten als ursprünglicher Fehler der Hirnorganisation. Es gibt entschieden Menschen deren Gehirn eine viel grössere Disposition zu fluxionären Hyperaemieen als bei Anderen hat, bei denen die Affekte leicht die physiologische Grenze übersteigen, bei denen aber auch der Alkohol viel intensivere fluxionsbefördernde Wirkung hat. Es sind Leute, die schon im äusseren Habitus meist als solche gekennzeichnet sind, deren Charakter auch wesentlich sich von dem Anderer unterscheidet und vielfach dem entspricht was man früher mit dem Ausdrucke »cholerisches Temperament bezeichnete, Leute die zu Kopfweh, Schwindel, Nasenbluten geneigt sind, immer etwas congestionirt aussehen, den sog. apoplectischen Habitus besitzen.

Ein solcher Zustand ist nicht selten ein erblicher; man hat oft Gelegenheit in der Ascendenz die gleiche somatische und psychische Constitution nachzuweisen, findet in der nächsten Verwandtschaft nicht selten Individuen an Apoplexia sanguinea und serosa zu Grund gegangen, gleichwie auch die gegenwärtigen Träger solcher Constitution zu solchen Zufällen disponirt sind. Ebenso scheint aber auch ein Zusammenhang zwischen solchen Hirnorganisationen und Psychosen nicht geleugnet werden zu können *). Man liest oft in den Erkundigungsbogen über den Anstalten eingelieferte Irre, dass ihre Eltern oder nächsten Verwandten der gleichen Generation Alkoholexcesse schlecht ertragen, leicht im Rausch ausser sich kommen, wie auch die Betreffenden selbst schon in früheren Lebensperioden, lange vor dem Ausbruch ihrer Psychose sich durch eine auffallende Intoleranz gegen Alkoholica auszeichneten.

In anderen Fällen aber ist diese Hirndisposition entschieden eine erworbene, durch pathologische Veränderungen der Ernährung und Circulation bedingte.

Je weiter wir uns in der Gehirnpathologie umgesehen haben, um so mehr hat sich uns die Ueberzeugung aufgedrängt, dass durch die verschiedensten Gehirnkrankheiten das Gehirn eine so veränderte Reaktionsweise gegen Alkohol bekommen kann, dass schon geringfügige, früher ganz gewohnte Mengen desselben pathologische Zuständen von Berauschung setzen

---

*) s. 2 bemerkenswerthe hieher gehörige Fälle b. Ellinger anthropol. Momente der Zurechnungsfähigkeit. 1861. p. 63 u. 64.

können, welche die Höhe transitorisch maniakalischer Paroxysmen erreichen, ja es scheint eine derartige gesteigerte Reaktion des Gehirns (Congestionen, Kopfweh, Schwindel, sensorielle Hyperaesthesie), in manchen Fällen sogar eine semiotische Bedeutung für latente Gehirnerkrankungen zu haben. Ganz besonders gilt dies für Traumen, welche das psychische Organ getroffen haben, wie dies Schlager (Zeitschr. d. Ges. d. Wiener Aerzte VIII. p. 454) schon nachgewiesen hat und wir in einer Reihe von Fällen eigner Beobachtung bestätigen konnten (s. m. Schrift, »über die durch Gehirnerschütterung und Kopfverletzung hervorgerufenen psychischen Krankheiten, eine klinisch forensische Studie, Erlangen 1868. p. 20—40).

Einen sehr instructiven dahin gehörigen Fall veröffentlichte Dr. Rittmann (Blätter f. Staatsarzneikunde 1867. Wien, Nr. 4).

Beobachtung 8.

E. M. 25 J. alt, Beamter, stürzte aus einem Wagen dessen Pferde scheu geworden waren mit dem Kopf an einen Eckstein, blieb 4 Tage bewusstlos unter Ausfluss von Blut aus Mund und Nase, und litt in den folgenden 3 Monaten an linksseitiger Halblähmung des n. facialis; dabei war seine geistige Thätigkeit derart gestört, dass er unzusammenhängende kurze Sätze nicht ohne Nachhülfe aussprechen konnte und sich an keine Namen, nicht einmal die seiner Angehörigen, erinnern konnte. Nach 3 Monaten trat Patient wesentlich gebessert wieder in seine amtliche Stellung ein, klagte aber noch baldige Ermüdung und Gedächtnissschwäche.

Am 15. Februar 1859 befand sich M. im Gefängniss wegen Verbrechen der öffentlichen Gewaltthätigkeit und Wachebeleidigung. Er hatte sich Tags zuvor gelegentlich des Abschiedsfestes eines Freundes verleiten lassen, 2 Seidel Wein zu trinken. Er kam in heitere Stimmung, lachte und weinte bald — plötzlich nahm sein Gesicht einen

wilden Ausdruck an, ohne alle Veranlassung stürzte er über
Stühle und Mobilien des Gastzimmers; Alles flüchtete, nur
mit Mühe gelang es der bewaffneten Macht, ihn zu bändigen und in Arrest zu bringen. Im Gefängniss bot M. völlige
Amnesie für's Geschehene, er war sehr tief gebeugt, der
linke Mundwinkel stand tiefer als vor dem Ereigniss; in
der folgenden Zeit zeigten sich an M. keine Zeichen einer
Geistesstörung oder körperlichen Erkrankung.

Ein ganz ähnliches Verhalten bietet nicht selten das
Gehirn der Apoplectischen und an Encephalitis chronica
Leidenden, die Prodromalperiode der Dementia paralytica,
chronisch meningitische Zustände, wie sie sich bei Gewohnheitssäufern, nach Insolation, Meningitis acuta finden, ferner
nach früher durchgemachten Geistesstörungen, besonders
idiopathischen Manieen, Delirium acutum u. a. Zuständen.
Endlich sind es die grossen Neurosen, besonders die Epilepsie, bei welchen geringe Alkoholexcesse nicht blos Paroxysmen der Neurose, sondern auch schwere Berauschungs-
zustände, Delirien und Ausbrüche heftiger Wuth und Manie
hervorrufen können.

Aber auch ohne Prädisposition ist es möglich, dass die
höheren Grade des Rausches erzeugt werden können, wenn
zu einem an und für sich mässigen Grad der Berauschung
noch weitere Momente hinzukommen, welche Fluxionen zum
Gehirn begünstigen. Ein solches Accidens ist in der Mehrzahl der Fälle ein heftiger Affekt, der zudem im Rausch,
wo der Mensch sehr reizbar wird, leicht hinzutritt und das
Selbstbewusstsein aufheben kann. Die Mehrzahl der im
Rausch begangenen Gewaltthaten verdanken einem Affekt
ihren Ursprung.

Einen dahin gehörigen belehrenden Fall eines Menschen,
der erblich zu Seelenstörung disponirt, mit einem jähzornigen Temperament (erblich) behaftet, den Wein nie recht
ertragen konnte, bei Excessen gleich heftig betrunken wurde,
und in einem Zustand der Berauschung und des Zorns einen
Menschen erschoss, theilt Dr. Krauss (Heuke, Zeitschr.

33. Jahrg. p. 428 mit. Das Selbsthewusstsein war getrübt, die Erinnerung für die That nicht aufgehoben. Annahme verminderter Zurechnungsfähigkeit, Verurtheilung zu 10 Jahren.

Einen weiteren Fall eines Mannes, der früher schon an alkoholischer Seelenstörung gelitten, eine Kopfverletzung erfahren hatte, sehr reizbar und durch Spirituosa jeweils sehr aufgeregt worden war und im Affect und Trunkenheit einen Menschen, mit dem er Streit hatte, erschoss, findet sich in der gleichen Zeitschrift von Dr. Schreiber mitgetheilt (32. Jahrg. 2. p. 381.)

s. f. Casper, Beiträge z. med. Statistik. Berlin 1825. p. 62. (Fall von Mania ebriosa transitoria).

In weiterer Reihe sind es toxische Substanzen, die dem Alkohol beigemischt sind (Absynth, Fuselöl, Kohlensäure etc.) Aufenthalt in dumpfigen, heissen Räumen, grosse Sonnenhitze etc., durch deren zufälliges Zusammentreffen an und für sich geringe Mengen von Alkohol die bedenklichsten Aufregungszustände herbeiführen können.

Beobachtung 9.

V. Henry, 23. Jahr, hatte die vorausgehende Nacht mit seinem Freund eine Anzahl Cafés besucht und am Morgen von 4—9 Uhr sich sehr unruhig, aufgeregt und sonderbar gezeigt. Er fuhr fort, mit seinem Freund Wirthshäuser zu besuchen, fing an über Kopfweh, Blutwallungen zu klagen, sowie dass er seiner nicht mehr mächtig sei. Nachmittags 4 Uhr bei heftiger Sonnenhitze zieht Henry gegen eine am Weg sitzende Dame ein Messer mit dem Ruf »Dame, ich will dich tödten, rette dich oder ich tödte dich!« Diese entflieht. Nun kommen 3 Arbeiter des Wegs daher. Er verwundet sie mit unglaublicher Schnelligkeit und geht dann ruhig weiter. Auf den Ruf »Mörder« eilt er heim, legt sich ins Bett und erwacht, als man ihn dort erweckt und verhaften will, mit völliger Amnesie fürs

Vorgefallene. Er hatte schon 3 oder 4 solche Anfälle mit
Amnesie früher gehabt, in deren einem er einen Selbstmordversuch gemacht hatte. Verurtheilung zu 10 Jahren. (Annal.
méd.-psychol. 1844. p 231.)

Beobachtung 10.

J. S., Zimmergesell, 28 J., trank bei einer Kirchweih
Bier, dann Branntwein und Wein und tanzte viel. Es
entstand eine Schlägerei wegen Mädchen, er bekam einen
Krug an den Kopf geworfen, 4 Wunden in die Kopfschwarte,
stürzte bewusstlos hin und lag einige Zeit zu Boden. Der
Streit tobte fort, S. kam wieder zu sich, mischte sich in
den Kampf und verwundete einen der Kämpfenden so, dass
dieser sofort starb. Annahme, dass S. durch Trunkenheit, Misshandlung, Tanzaufregung in eine solche
Wuth versetzt wurde, dass die Zurechnung aufgehoben war.
(Henke, Zeitschr. 1832. H. 4. p. 348.)

Einen Fall von Widersetzlichkeit bei einer Arretirung
im trunkenen Zustand mit Amnesie für's Geschehene berichtet die gleiche Zeitschr. (26. Jahrg. I. p. 100). Die be-
rauschende Wirkung des Biers war in diesem Fall dadurch
gesteigert, dass Inculpat seit 3 Tagen nichts gegessen und
durch Tanz sich aufgeregt hatte.

Eine Vergewaltigung an einem Gens'darme durch einen
in Folge von Berauschung, heisse Stube und Affect in
tobsüchtige Trunkenheit verfallenen Menschen mit Amnesie
für's Geschehene s. Henke, Ztschr. 22. Jahrg. 2. p. 36.

Wie sich aus dem Vorausgehenden, besonders dem
Inhalt der Delirien und Affecte solcher Zustände erwarten
lässt, sind Vergewaltigungen und Rechtsverletzungen keine
seltenen Ausflüsse derselben. Besonders sind es Tödtungen
und Misshandlungen, in weiterer Reihe Widersetzungen,
gegen die öffentliche Gewalt, Majestätsbeleidigungen, Noth-
zucht im ungezügelten Ausbruch sexueller Erregtheit, in
seltenen Fällen Diebstahl, Selbstmord, welche die bezügliche
Casuistik verzeichnet hat.

Einen bemerkenswerthen Fall von im Zustand trunkener Zornwuth verübten Mord hat Brierre de Boismont mitgetheilt (Annales méd.-psychol. Juillet 1866. p. 49).

Beobachtung 11.

Am 1. Oct. 1865 war der 32 Jahr alte Kleiderhändler Rogillo zu Madrid zu einem gew. G. in ziemlich aufgeregtem Zustand in Geschäften gekommen, auf die dieser aber nicht einging. Das Kind des G. bemerkte in R's. Hand ein Dolchmesser, sagte es seinen Eltern, die, dadurch beunruhigt, R. die Thüre wiesen. Unter der Thür kam es zu einem Wortwechsel, der damit endigte, dass R. plötzlich nach 2 ihm ganz unbekannten Personen auf der Strasse stach, davon rannte, 7 Menschen verwundete und 2 andere tödtete. Als man endlich seiner habhaft wurde, erklärte er nach Genuss einiger Gläser Brannntwein zu G. Geschäfte halber gegangen zu sein, wo man ihn zum Haus hinausgeworfen und geschlagen habe. Wüthend über diese Behandlung habe er nach einer Person geschlagen und könne sich an das Weitere nicht mehr erinnern. Er müsse in der Trunkenheit gehandelt haben. Der Staatsanwalt trägt auf Todesstrafe an, der Vertheidiger macht transitorisches Irresein geltend, die gerichtliche Expertise ergab Folgendes: R. ist in jeder Hinsicht ein mauvais sujet. Nach einem ehelichen Zwist am Morgen der That hatte er sich in Bordellen und Branntweinschenken herumgetrieben, überall Streit bekommen und zuletzt vor dem Haus des G. sich heftig erzürnt. Sein Verstand verwirrt sich, er sticht nach einer Person und wird beim Anblick des Blutes zur wüthenden Bestie, die Alles vor sich niedermacht. Die Erinnerung für das, was er in diesem Zustand that, fehlt ihm. Der Angeklagte steht unter hereditärer Disposition zu Psychosen, denn 14 Seelengestörte finden sich in seiner Verwandtschaft; schon früher hat er Symptome von Irresein dargeboten und seine Verwandten halten ihn nicht für recht im Kopf. Das Gutachten nimmt Mania transitoria an bei der

occasionelles Moment die Berauschung (wohl auch die Gemüthsbewegungen und dadurch gesetzte Congestion) prae-
disponirendes die hereditäre Disposition zu Seelenstörung
sein mochte.

Weitere Fälle von Mord und Mordversuch im Trunken-
heitsirresein finden sich Henke Zeitschr. 23. Jahrg. 2. p. 158
(Erschiessung eines ganz unbekannten Menschen durch einen
Gens'darme im Trunkenheitswahnsinn, mit einer höchst
fragmentarischen Erinnerung an die That.) s. f. Livi,
Archivio italian. per le malatt. nervos. 1866. H 2. p. 65.
Toulmouche Annal. d'hygiène publique 1854. Juillet;
p. 351. Brierre, Ann. méd. psychol. 1844. Janv. p. 86.
Maass pract. Seelenheilkde. p. 318. Maschka, Viertel-
jahrsschr. f. ger. und öffentliche Med. Bd. 21. H 2. p. 345.
Allgem. Zeitschr. f. Psychiatrie VI. p. 81. Krapf
deutsch. Zeitschr. f. St.-A.-Kde. 1849. IV. p. 273. Fried-
reich, Lehrb. d. ger. Psychol. 1835. p. 751. p. 843.
Casper, Lehrb. biol. Thl. p. 562. Kleins Annal. VIII.
Nr. 6. Henke Zeitschr. 19 Ergzgsh. p. 188. Maschka,
Sammlung gerichtsärztlicher Gutachten. Prag 1867. Nr. 5.
Friedreichs Centralarchiv VI. 2. Erlenmeyer, Cor-
respondenzbl. f. Psych. 1859. Nr. 9 und 10. Bonnet und
Bulard, Annal. méd.-psychol. 1867. sept. p. 282.

Interessante Beispiele von Selbstmord in Trunkenheitswahnsinn bringt Brierre de Boismont (du suicide et de la
folie suicide 2e édit. 1865. p. 621, von denen eines hier
Erwähnung finden möge.

»Ein Taglöhner erhängt sich in trunkenem Zustand an
einem Baum auf einem öffentlichen Platz. Der Ast bricht,
er stürzt auf den Boden; ein Vorübergehender löst ihm die
Schlinge. Er kommt zu sich, weiss von seinem Selbstmordversuch gar nichts und ist glücklich darüber, einer solchen
Gefahr entronnen zu sein.

Es kann nach all dem Angeführten kein Zweifel darüber bestehen, welch wichtige Bedeutung derartige Zustände eines transitorischen Trunkenheitswahnsinns für die gerichtliche Praxis haben und wie nothwendig zu ihrer Begutachtung die Heranziehung ärztlicher Techniker sein muss. Ueber die rechtliche Beurtheilung eines als solchen wirklich constatirten Zustands kann ebensowenig ein Zweifel obwalten, wenn man bedenkt, dass das Selbstbewusstsein getrübt oder selbst vernichtet ist und heftige Affekte, Delirien, Sinnestäuschungen vorhanden sind, als deren Ausfluss die rechtswidrigen Handlungen sich ergeben. Ungleich schwieriger bei der Flüchtigkeit dieser Zustände ist dagegen die Herstellung des subjectiven Thatbestands zur Zeit der That.

Geben auch schon die allgemeinen psychologischen Kriterien derselben, die Art des Verbrechens, der Mechanismus desselben, Präsumptionen für oder gegen die Annahme eines unfreien Zustandes ab, so wird der Techniker bei diesen, auch dem Richter zu Gebot stehenden und keineswegs beweiskräftigen Kriterien nicht stehen bleiben können und um so grössere Sorgfalt auf die constitutionellen Verhältnisse und anderweitigen semiotischen Kriterien eines abnormen cerebralen Zustands zur Zeit der That zu verwenden haben. Man hat früher viel zu sehr Werth auf die Ermittelung der quantitativen und qualitativen Beschaffenheit des genossenen Getränkes gelegt, wir glauben gezeigt zu haben, dass dieser Umstand, obwohl nicht werthlos, doch keineswegs ein entscheidender sein kann.

Viel grössere Bedeutung wird den allgemein prädisponirenden und occasionellen Bedingungen, welche wir oben angedeutet haben, zuzuerkennen sein. Dahin sind zu rechnen das Vorhandensein oder Dagewesensein cerebraler Erkrankungen, welche etwa im Stand sind, eine anomale Reactionsweise des Gehirns gegen Alkoholica zu setzen — erbliche Anlage zu Psychosen, überstandene Anfälle von Geistesstörung, namentlich Manie, delir. acut. schwere Typhen, Traumen aufs Gehirn, Apoplexie, Encephalitis chro-

nica, chronische Circulationsstörungen im Gehirn und Veränderungen der Meningen bei Gewohnheitssäufern, schwere
Neurosen (Epilepsie.)

Weiter muss genau ermittelt werden die Constitution
und das Temperament eines Angeklagten, seine etwaige Ge-
neigtheit zu Blutwallungen, etwaige Herzfehler, der Stand
seiner Reizbarkeit, die Art, wie er sich gegen Affecte und
gegen Alkoholexcesse früher verhielt, ob er leicht berauscht
wurde und seine Berauschungen leicht in pathologische Zustände übergingen. Ganz besonders wichtig ist aber die
Ermittelung all der Momente unmittelbar vor und zur Zeit
der That, welche eine cumulative Wirkung des Alkohols
und eine heftige Gehirnhyperämie erzeugen konnten, denn
von ihnen kann es ja wesentlich abhängen, dass ein an
und für sich mässiger Grad der Berauschung eine excessive
Höhe plötzlich erreichte. Die früher so hervorgehobene
vielfach versuchte Eintheilung in Stadien oder Grade des
Rauschs zur Bestimmung der Zurechnungsfähigkeit dürfte
sich schon einfach aus diesem Grund als kaum practisch
brauchbar erweisen, doch wird es immerhin wichtig sein,
genau den Zeitpunkt, in welchem eine in berauschtem Zustand begangene Handlung stattfand, festzustellen.

Ebenso kann auch die genaue Beachtung des psychischen Zustands und Verhaltens nach der That psychologisch
richtig gewürdigt, eine forensische Verwerthung finden.
Mehr noch aber als diese subjectiven Kriterien wird den
objectiven Zeichen eines dagewesenen abnormen psychischen
Zustands Aufmerksamkeit zu schenken sein. Unter diesen
ist aber gewiss eines der wichtigsten, weil es quantitativ
und qualitativ sich ermitteln lässt, der Zustand des Erinnerungsvermögens für die Zeit in die die That fiel, da es als
der zuverlässigste Maassstab des etwa vorhanden oder wie-
weit vorhanden gewesenen Selbstbewusstseins sich verwerthen lässt. Es liegt natürlich uns fern, hier zu diskutiren,
ob die Unfreiheit eines berauschten Zustands nur für den
Zeitraum einzuschränken sei, für welchen die Erinnerung

fehlt oder fragmentarisch ist, sicher scheint uns aber jedenfalls, dass eine wirklich constatirte Amnesie *) für die Zeit
der im Rausch verübten That, trotz aller etwa dagegen
sprechenden psychologischen Kriterien ein bündiger Beweis
für einen pathologischen Seelenzustand während des Zeitabschnitts, den sie umfasst, ist, und die in diesen fallende
rechtswidrige That als ein Ausfluss dieses krankhaften Zustands betrachtet werden muss.

2. Toxische transitorische Geistesstörungen. Narcotismus.

Literatur:

Friedreich, allg. Diagnostik der psych. Krankheiten 1832. p. 349.
(Angabe der älteren Literatur).
Friedreich, Hdb. d. gerichtl. Psychol. 1835. p. 627.
Marc-Ideler, Bd. II. p. 481.
Moreau, du Hachisch et de l'alienation mentale. études psycho-
logiques. Paris 1845. p. 431.
Martius, Studien über d. Hanf. Leipzig 1856.
Brierre de Boismont, des hallucinations, 3e édit. p. 172.
Legrand du Saulle, la folie devant les tribunaux p. 133. 540.
Leubuscher, Pathol. der Gehirn-Krankheiten 1854. p. 366 u. ff.

Auch durch eine Reihe von der Klasse der Narcotica
und Aetherea angehörenden Substanzen können transitorische
Alienationen des Selbstbewusstseins hervorgebracht werden,
deren im Anschluss an die Wirkungen des Alkohols gedacht
werden möge. Das klinische Krankheitsbild ist bei diesen
Vergiftungszuständen ein äusserst verschiedenes. Bald setzt
es sich aus vagen Hallucinationen und Delirien zusammen,
denen eine gewisse specifische Färbung bei manchen Stoffen
(Haschisch) zuzukommen scheint, bald besteht es aus Anfällen tobsüchtiger Erregung bis zu Wuthanfällen (Bella-

---

*) Vgl. Pelman, Allg. Zeitschr. f. Psych. Bd. 21. p. 63.
Falret, dictionn. encyclop. des sciences médic. art. amnésie.

donna) oder Zufällen heftiger präcordialer Oppression mit
Angstzufällen und schreckhaften Visionen nach Art eines
raptus melancholicus. Rechtsverletzungen sind in solchen
Vergiftungszuständen, die übrigens begreiflicherweise selten
vorkommen, leicht möglich. Die schwere Störung des
Selbstbewusstseins, der durch Hallucinationen verfälschten
Apperception, das reine Handeln im Sinn traumartiger
Delirien oder als Ausfluss heftiger Angstzufälle und tob-
süchtiger Wuth lässt natürlich keine rechtliche Verantwort-
lichkeit in solchen zu.

Von den Stoffen, die hier in Betracht kommen, sind
besonders Hyoscyamus, Conium maculatum, Datura Stramonium, Belladonna zu erwähnen, insofern unabsichtliche
Vergiftungen unter dem Krankheitsbild eines transitorischen
Irreseins schon vorgekommen sind.

Einen dahin gehörigen Fall von furibundem Delirium
nach versuchtem Selbstmord mittelst Datura Stramonium
theilt Brierre mit (op. cit. p. 206). Ein Fall von Ver-
giftung durch narcotische Klystiere (Belladonna, Stramon.
Mohn) mit Zufällen nach Art des Somnambulismus findet
sich in Nasse's Zeitschrift 1822, IV. p. 200. Dr. Landsberg
(üb. Manie und Lungensucht, Rusts Magaz. Bd. 64. H 3.
p. 403) will mehrere Beobachtungen von transitorischer
Manie bei Phtisischen und andren Kranken gemacht haben,
die nach anhaltendem Gebrauch von Digitalisinfus entstanden, nach Aussetzen des Medikaments verschwanden und
bei erneuertem Gebrauch desselben wiederkehrten.

Die Geschichte einer convulsiven Trunkenheit nach Genuss von Pomeranzenliqueur theilt Marc-Ideler (Bd. II p.
468) mit. Auch der Absynth, dessen Verbrauch in neuerer
Zeit in Frankreich so bedenklich zugenommen hat, erzeugt
leicht ganz eigenthümliche Zufälle transitorischer Geistesstörung, die oft mit Delirien des Verfolgtwerdens einhergehen und die Berauschten aggressiv machen. In einer grossen Reihe von Fällen geht das Delirium in einen tiefen

Schlaf über, aus dem der Betreffende zur Norm wieder zurückkehrt *).

Aehnliche toxische Delirien kommen beim Genuss von Opium und Haschisch vor, dessen Genuss in Mitteleuropa kaum ein andrer als ein medizinischer ist.

Auch der zur Anaesthesirung benutzte Aether sulfuricus und das Chloroform verdienen Erwähnung, da bei manchen Menschen bevor das Stadium des Collapsus eintritt, Delirien nicht selten auftreten, die zwar meist nur ein heitres, schwazhaftes Reproduciren von Vorstellungen, zuweilen auch den Charakter einer wuthartigen Aufregung annehmen können, in denen der Chloroformirte gegen die Umgebung agressiv wird. Moreau (Ann. méd. psychol. XII p. 111) hat auch Fälle beobachtet, wo in diesem primaeren Stadium der Choroformnarkose Selbstmordversuche gemacht wurden. Hie und da scheint auch das Chloroform eigenthümliche Wirkungen auf die Geschlechtssphäre zu üben und die Empfindungen des Beischlafs zu erzeugen. So sind mehrere Fälle in der Literatur **) mitgetheilt, wo Frauen den Arzt von dem sie chloroformirt wurden anklagten, ihren bewusstlosen Zustand zu schändlichen Handlungen benutzt zu haben, so dass dieser Mühe hatte, seine Ehre zu retten.

Den seltenen Fall eines transitorischen Irreseins nach dem Genuss von Schwämmen, theilt Dr. Innhauser mit (Oesterr. Zeitschr. f. pract. Heilkde. 1856. Nr. 33. p. 606.)

Beobachtung 12.

S. J. Schlosser, hatte mit seiner Tochter am 17. Mittags für unschädlich gehaltene Schwämme genossen. 2 Stunden nach dem Essen schläft die Tochter ein, ein unbehaglich drückendes Gefühl in der Magengegend erweckt sie, sie

---

*) vgl. Motet, considérations sur l'alcoolisme, et plus particulièrement des effets toxiques produits par l'absinthe. Paris 1859; Legrand du Saulle op. cit. p. 540.

**) Mittermaier, Archiv des Criminalr. 1855. p. 293. 1856. p. 142. Winslow psychol. Journal 1855. p. 589.

fühlt den Kopf eingenommen als ob sie einen Rausch habe, das Bewusstsein schwindet, sie weint, schreit, schlägt um sich, klagt ungeheure Angst, das Herz zerspringe ihr, sie kennt Niemand mehr, will zum Fenster hinausspringen. Bei der ärztlichen Untersuchung um 5 Uhr bedeutende Kopfcongestion, stark geröthete Augen.

Während der Untersuchung fing der Vater, der über den Zustand der Tochter bisher ganz sonderbar gelacht hatte, an zu schimpfen, er rief immer nach dem Arzt ohne ihn zu kennen, er wollte fischen gehen, beschwerte sich über den Hausmeister der ihm nicht die Thüre öffnen wolle. Er drohte und tobte schliesslich so, dass mehrere Personen ihn festhalten mussten. Nach diesem Anfall, der etwa eine Viertelstunde dauerte, kehrte das Bewusstsein temporär zurück, er klagte über einen Rausch, ohne aber im Lauf des Tags irgend ein geistiges Getränk genossen zu haben, bald aber fing die Scene wieder von Neuem an. Der Puls war bei Vater und Tochter verlangsamt. Niemand konnte eine Ursache der so plötzlich eingetretenen Geistesstörung angeben. Endlich erbrach die Tochter eine Masse halbverdauter Schwämme, worauf sofort Bewusstsein und Ruhe wiederkehrten und sie die Ursache der Erkrankung angeben konnte. Doch hatte sie keine Erinnerung für das was in der Zeit der Erkrankung fiel. Auch der Vater kam nach einem gereichten Brechmittel, das reichlich Schwämme entleerte, sofort zu sich.

III. Das Delirium auf der Acme und im Stadium decrementi fieberhafter Krankheiten.

Literatur.

Henke, Zeitschr. 20. p. 174, 31. p. 168.

Hoffbauer, die psych. Krankheiten etc. p. 199.

Siebenhaar, Handb. art. Fieberwahnsinn.

Gandolfi, fondamenti di medicina forense, Modena 1852. tom I. p. 387.

Legrand du Saulle la folie etc. p. 146.

Brierre, des hallucin. 3e. edit. p. 229.

Krahmer, Lehrb. p. 219.

Ebers, die Zurechnung etc. p. 50.

Maschka, eine Sammlung gerichtl. Gutachten. Prag 1858. p. 239. 271.

Dr. H. Weber, on the delir. or acute insanity during the decline of acute diseases, especially the delirium of collaps. London 1865.

Griesinger, Lehrb. II. Aufl. p. 186 u. ff.

Brosius, acutes Irresein im Stad. decrementi fieberhafter Krankheiten. Irrenfreund 1866. Nr. 5.

Es ist eine bekannte Erscheinung, dass im Verlauf fieberhafter Krankheiten die Gehirnthätigkeit nicht selten symptomatisch oder sympathisch mit afficirt wird, und die abnorme Hirnerregung sich dann in Form vorübergehender Störungen des Selbstbewusstseins und der Apperception ,sowie in mannichfachen Störungen des Vorstellungslebens (Delirien) kundgibt. Ganz besonders gilt dies für Krankheiten, in welchen die Temperaturkurve bedeutende Höhen erreicht, so den Infectionskrankheiten (Morbìlli, Variola, Scarlatina, Erysipel, Intermittens, Typhus) aber auch bei den verschiedensten andren fieberhaften Krankheitszuständen können bei besondrer Disposition der Erkrankten Delirien auftreten. Dieses acute Delirium zeigt sich besonders in 2 Stadien des Krankheitsverlaufs, einmal auf der Höhe der Krankheit, dann wenn das Fieber nachgelassen hat und die Reconvalescenz beginnt. Es ist anzunehmen, dass dem Delirium der Acme tiefere Aenderungen der chemischen Blutbeschaffenheit, erzeugt durch das Krankheitsgift und die Fieberhitze, zu Grund liegen, in Folge dessen das Blut gleich einem toxischen Reiz aufs Gehirn wirkt (toxische Delirien) während offenbar dem Delirium der Reconvalescenten, das auch vielfach dem bei Inanitions- und Erschöpfungszuständen beobachteten entspricht, eine ungenügende Hirnernährung, ein Zustand von Erschöpfung und Anaemie *) des Central-

---

*) Vgl. Brosius op. cit; Dr. H. Weber l. cit.

organs zu Grund liegen mag. Die letztere Form des Auftretens findet sich nicht selten nach Pneumonie *) nach Intermittens und Typhus **), nach Rheumatismus articul. acutus und Cholera ***). In der Regel handelt es sich in diesem Collapsdelirium (Weber) um transitorische Hallucinationen und Delirien indifferenten oder ängstlichen Inhalts, vorübergehende Angstzufälle, leichtere Zustände maniakalischer Erregung, durch beängstigende Sinnestäuschungen hervorgerufene ängstliche Unruhe, fast immer nur um desultorische, keineswegs systematische deliriöse Zustände. Einige Eigenthümlichkeiten bietet das Wechselfieber, indem nicht nur auf der Acme der Fieberanfälle mit heftiger Steigerung des Fiebers und der Gehirncongestion furibunde Delirien mit dem Bild der heftigsten Präcordialmelancholie oder transitorischen Manie auftreten können, die in der Apyrexie spurlos wieder verschwunden sind †), sondern auch gleich von Anfang an ††) statt eines Wechselfieberparoxys-

---

*) s. Griesinger, Pathol. d. psych. Kr. II. Aufl. p. 191. f. Metzger, (Zeitschr. f. ration. Med. 1858 IV. p. 220) der von 4 Fällen transitor. Manie im Verlauf der Pneumonie berichtet, von denen der eine vom 9. und 10., der 2. vom 12. — 20., der 3. vom 3.—4., der 4. tödtlich endende ebenfalls an einem der ersten Krankheitstage aufgetreten war.

**) Irrenfreund 1865 Nr. 3.

***) Delasiauve, Annal. méd. psychol. 1849. Juillet. Neumann, Lehrb. p. 164, beobachtete zwei Fälle bei jungen Soldaten nach asphyctischer Cholera, die in voller Reconvalescenz plötzlich in die heftigste Aufregung geriethen, die Umgebung verkannten, fortstürmen wollten, schimpften, schrieen und gar nicht zu bändigen waren. Nach etwa 12 stündigem Delirium tiefer Schlaf und beim Erwachen völlige Besonnenheit mit nur dunkler Erinnerung ans Vorgefallene.

†) Fälle s. Flemming, Path. und Therapie d. Psychosen p. 87 (heftige quotidiane Anfälle von Präcordialmelancholie bei einer an Intermittens Leidenden).

††) Focke, Allg. Zeitschr. f. Psych. V. p. 376 (Fall von Mania intermittens mit religiös dämonomanischen Inhalt), Champouil-

mus Anfälle mehrstündiger maniakalischer Erregung mit bedeutender Verworrenheit und furibunden Delirien, in denen der Kranke die gefährlichsten Gewaltthaten verüben oder sich selbst beschädigen kann, auftreten. Dieses larvirte Wechselfieber findet sich in der Regel nur bei durchseuchten Individuen an Orten wo Intermittens endemisch ist.

Das Delirium auf der Höhe der acuten Krankheiten kommt in den verschiedensten Formen vor; bald äussert es sich als Melancholia activa mit Delirien der Verfolgung und Todesgefahr, bald als einfache maniakalische Hirnreizung, bald als Delirium acutum oder furibunde Manie, häufig auch in der Weise eines blanden Deliriums, aus dem der Kranke vorübergehend zu erwecken ist. Das Delirium dauert dann wohl Tage hindurch, in andern Fällen trifft es nur mit den Exacerbationen des Fiebers zusammen.

Die forensische Bedeutung des Fieberdeliriums ist keine geringe, einmal wegen der fraglichen Fähigkeit des Testirens des Kranken zu einer gewissen Zeit der Krankheit [*]), andrerseits wegen der im Delirium möglicherweise zu Stande kommenden Gewaltthaten des Erkrankten.

So theilt Dr. Maschka (Sammlg. gerichtsärztl. Gutacht. Prag 1858) 2 Fälle mit, den einen wo ein an Typhus Erkrankter seine Frau im Delirium erschlagen hatte (p. 239) und einen andren wo ein Mann ebenfalls im Typhusdelirium das Haus des Nachbars in Brand steckte (p. 271).

Den folgenden Fall eines Mords im maniakalischen Intermittensfieberparoxysmus theilte Dr. Meyer mit. (Henke Zeitschr. 1834. H. 2. p. 365).

lon, Gaz. des hôpit. 1857. 81. (Anfälle von intermittirender Tobsucht durch Intermittens); Horn's Archiv f. med. Erfg. 1813. Jan. Febr. (Fall von transit.Manie durch eine supprimirte Intermittens) Nockher, Med. Ver. Ztg. 1845. Nr. 32.

*) Siebenhaar, Hdb. p. 500. Bopp, Henke Zeitschr. XXXI. p. 168. Legrand du Saulle, Annal. méd. psych. Mai 1868. p. 439. Masius, Hdb. 1822. Bd. I. §. 405; Reil, Fieberlehre Bd. IV. p. 372; Mende, Hdb. Thl. 6. p. 233; Henke, Lehrb. §. 256.

Beobachtung 13.

Der Taglöhner H. ermordete den Grenzaufseher K. mit dessen eigenem Säbel, indem er ihm den Schädel in 13 Stücke zerschmetterte und ihm eine Unzahl Stichwunden beibrachte. Gleich nach der That ergriffen, gestand er sie mit dem Zusatz »was Gott thut das ist wohlgethan.« Er hatte den Blick stier nach oben gerichtet, hörte nicht auf das was um ihn vorging und betete beständig. Im Gefängniss kam er zu sich und konnte nicht begreifen wie er zu der That gekommen war. H. ein unbescholtener Mann, 42 J. alt, ohne erbliche Anlage zu Psychosen, litt seit 5 Wochen an Intermittens und hatte wiederholt in seinen Paroxysmen in den letzten Tagen verkehrt gesprochen und nach Genuss eines Pulvers sich von Gott abtrünnig und dem Teufel unterworfen erklärt. Er litt dabei an Angstzufällen. H. hatte den Aufseher mit dem Gewehr in seiner Angst für Jemand gehalten, der ihn todtschiessen wolle (vorübergehend auch für den Teufel). Er wollte ihn daran verhindern und suchte ihm die Hand festzuhalten. Der Aufseher suchte sich loszureissen als H. dessen Säbel ergriff und auf ihn einhieb. Erst als das Opfer dalag, kam ihm eine Ahnung, dass er etwas Schreckliches begangen habe, er gedachte sich zu ersäufen, zugleich kam ihm aber der Gedanke, Gott habe es ihm so eingegeben und er fing an zu beten. Im Gefängniss hatte er wiederholt noch Anfälle von furibunder Manie während der Höhe der Intermittensparoxysmen von 2 stündiger Dauer. Er wurde für nicht zurechnungsfähig erklärt, zu lebenslänglicher Detention verurtheilt und erhängte sich nach einjähriger Haft im Gefängniss zu Stralsund.

Beobachtung 14.

N. Glot, Bombardier, 30 J. alt, früher nie epileptisch, seit 1863 wiederholt an febr. intermittens leidend, die 6 Tage vor dem Anfall von mania acutissima recidivirte, ging am 6. April 1864 in eine Badestube um zu baden und hielt sich in einem heissen Raum 1½ Stunde auf. Noch im Bad fühlte er einen nahenden Fieberanfall, und kam müde und in vollem Hitzestadium in sein Dorf zurück, wo er im Haus seiner Geliebten, diese mit ihrer gelähmten Mutter allein antraf. Er sank bald in einen bewusstlosen Zustand, aus dem er etwa nach einer halben Stunde erwachte und zu seiner Verwunderung Alles im Zimmer durch einander geworfen und zertrümmert fand. Er fühlte einen Schmerz in der Gegend der Genitalien und entdeckte, dass sein Hodensack abgeschnitten war und die gelähmte Alte verwundet dalag. Seine Geliebte gab an, dass er schon beim Eintritt in die Stube ihr auffallend verändert vorkam, bald in den Verschlag, bald auf die Ofenbank rannte, vor ein Heiligenbild kniete, einen Pelz verlangte, Kopf und Hände auf den Boden schlug, und ein Messer begehrte, um Alles umzubringen. Das entsetzte Mädchen flieht um Hülfe zu holen; Gl. nimmt ein Messer und will die Alte umbringen, diese bittet um Gnade; er ruft: »schreie nicht Alte, ich werde dich nicht umbringen, das wäre eine Sünde, aber ich werde mich selbst tödten.« Er schneidet sich den Hodensack ab, legt sich hin und wird so nach einer halben Stunde gefunden. Der bald gerufene Arzt findet an Gl. keine Spur von psychischer Störung, auch in der Folge bleibt er trotz wiederholter Intermittensanfälle gesund, ist aber öfters leichten Kopfcongestionen unterworfen. An den Vorfall weiss er sich nicht zu erinnern. Er war früher nie psychisch gestört gewesen, hatte nie in Bacho et Venere excedirt, ein Bruder ist schwachsinnig. Offenbar wirkten der lange Aufenthalt in der Badstube, der weite Gang darauf, der Intermittensparoxysmus auf dessen Höhe der Anfall auftrat, zusammen, um heftige Hirncongestionen zu erzeugen, die der transitorischen Geistesstörung zu Grunde liegen mochten. (Dr. Erhardt, Allg. Zeitschr. f. Psych. XXIII. p. 87).

Ueber die rechtliche Auffassung etwaiger im Fieberdelirium stattgefundener strafwürdiger Handlungen kann bei der grossen Störung des Selbstbewusstseins, der Sinnes- und Vorstellungsthätigkeit kein Zweifel obwalten. Es müssen die Zustände des Fieberdeliriums den schweren Traum- und Intoxicationszuständen, mit welchen sie ja auch phänomenologisch so vielfach übereinstimmen, civil- und criminalrechtlich ganz gleich geachtet werden. Der Nachweis, dass eine That im Fieberdelirium begangen wurde, gründet sich auf allgemeine psychologische Kriterien und den speciellen Beweis der fieberhaften Krankheit zur Zeit der Handlung, deren Diagnose mit den gewöhnlichen Hülfsmitteln zu machen ist. Dass Jemand, der an einer fieberhaften Krankheit leidet, ein Delirium hinzusimulire, um in diesem eine verbrecherische That zu begehen, ist wohl denkbar, aber unsres Wissens noch nicht vorgekommen. Dagegen dürfte es zweckmässig sein, überall da, wo Jemand während einer fieberhaften Krankheit oder in der Reconvalescenz von einer solchen eine Gewaltthat begangen hat, die Möglichkeit, dass sie zeitlich in ein transitorisches Delirium fiel, zu bedenken und in dieser Richtung hin Untersuchungen anzustellen. Ganz besonders dürfte dies für Zeiten und Orte gelten, in welchen Epidemieen solcher Krankheiten vorkommen, namentlich für Orte, an denen Intermittens endemisch ist, da ja selbst nach längerem Zurücktreten der Intermittensparoxysmen erfahrungsgemäss deliriöse Wechselfieberanfälle oder stellvertretende Anfälle transitorischer Psychosen auftreten können.

IV. Die grossen Neurosen und ihre psychischen Transformationen.

Wir betreten ein grosses und noch wenig beleuchtetes Gebiet transitorischer Störungen des Selbstbewusstseins, indem wir uns den grossen Neurosen und den in ihrem Verlauf so häufigen Umwandlungen der neuropathischen

Anfälle derselben in psychopathische zuwenden. Insofern als sie durchweg den transitorischen Charakter der Zufälle, deren Stellvertreter sie sind, bewahren, und mit einer mehr oder minder erheblichen Störung des Selbstbewusstseins einhergehen, fallen sie in den Bereich der Störungen des Seelenlebens, deren Darstellung Aufgabe der vorliegenden Abhandlung ist. Wie die Pathogenese der Nerven- und Geistesstörungen durch ihre gemeinsame Aetiologie und gegenseitige Vererbung einen nahen Zusammenhang zwischen Neurosen und Psychosen dartbut, zeigt auch die klinische Beobachtung ein merkwürdiges Uebergehen dieser Zustände in einander, einestheils indem gewisse wohlcharakterisirte Neurosen sich allmälig in andere transformiren (Hystero-Epilepsie), andererseits indem sich bei demselben Individuum und derselben Neurose das Bild der einzelnen Anfälle allmälig ändern und durch andere psychische oder nervöse Symptomencomplexe substituirt werden kann. Am besten gekannt sind diese Verhältnisse bei der Epilepsie, wo statt des gewöhnlichen convulsiven Paroxysmus einfache vertiginöse Zufälle eintreten können; bei der Hysterie, wo den gewöhnlichen hysterischen Krampfanfall die verschiedensten nervösen Zustände ersetzen können, aber weniger beachtet ist auch, dass statt dieser neuropathischen Symptomencomplexe psychische Paroxysmen alternirend oder vicariirend eintreten können, ohne dass trotz bedeutender Aenderung des paroxysmellen Krankheitsbildes das interparoxysmelle, der Grundtypus der Neurose sich zu ändern braucht. Dahin gehören zunächst die sogenannte mania epileptica, die aber keineswegs immer als rein maniakalischer Zufall sich äussert, sondern als ein Collectivbegriff für verschiedenartige neuropsychische Symptomencomplexe auf der Basis einer epileptischen Neurose genommen werden muss; ferner das hysteroepileptische Delirium und die Zustände der Ekstase; endlich gewisse periphere Neurosen, die bei einer besonderen Constitution und Beschaffenheit des Centralorgans Reflexe in dieses

setzen und psychische Centren in Erregung versetzen können, die sie unter normalen Verhältnissen nicht erreichen. —
Dahin gehören die sogenannten Dysthymieen oder Dys-
phrenieen

Dadurch dass diese neuropsychischen Zustände den
transitorischen Charakter des Paroxysmus, dessen Stelle sie
vertreten, bewahren, oder nur so lange als die periphere
neuralgische Affection besteht zum Ausdrucke kommen, und
ferner meist mit einer mehr weniger bedeutenden Störung des Selbstbewusstseins einhergehen, erlangen sie eine
äusserst wichtige Bedeutung für die forensische Medicin,
und fordern zu einer möglichst genauen Sichtung und Beleuchtung dieser Zustände auf. — Es ist wahrscheinlich,
dass die Mehrzahl der der älteren Medizin geläufigen Formen der Monomanieen, transitorischen Manieen etc. in
solchen transitorischen neuropathischen Vorgängen ihre
Erklärung findet. Dadurch dass man zu sehr rein psycho-
logirend ihnen gegenüber untersuchte, statt neuropatholo-
gisch vorzugehen, sich auf die Ermittlung des paroxysmellen Zustandes beschränkte und den interparoxysmellen
Grundzustand vernachlässigte, scheint wesentlich die Verwirrung und die Unsicherheit gegenüber solchen psychischen
Zuständen bedingt gewesen zu sein. Wir hoffen im Folgenden zur Klärung derselben etwas beitragen zu können.

---

a) Die Mania epileptica.

Literatur.

Friedreich, ger. Psychol. 1835. p. 639 (ältere Literat.).
Marc-Ideler II. p. 377 u. ff.
Clarus, Beiträge p. 96.
Henke, Abhdl. IV. p. 3.
Esquirol, des malad. mental. t. I. p. 286.
Brierre, des hallucin. 3e édit. p. 212.
Le Grand du Saulle, la folie etc. p. 357.
Ebers, Zurechnung 1860. p. 53, 219, 226, 228.

4 *

— 52 —

Delasiauve, traité de l'épilepsie p. 150.
Russel Reynolds, übs. v. Beigel p. 211.
Morel, études cliniques t. II. 1853.
Flemming, Path. p. 117.
Reinhold, vermischte Abhdl. a. d. Gebiet d. pract. Heilkunde
    v. e. Gesellsch. pract. Aerzte in Petersburg 1830. 4. Sammlg.
    p. 68.
Amelung, Nasse's Jahrb. f. Anthropol. 1830. Bd. I. p. 267.
Ideler, Gutachten p. 109.
Bottex, médec. légale p. 27.
Cavalier, de la fureur epilept. Montpellier 1850.
Morel, traité des malad. ment. 1860. p. 692.
Aubanel, Annal. méd. psychol. 1856.
Guillermin, de la manie épilept. Paris 1857.
Haushalter, du délire épilept. Strasbourg 1853.
J. Falret, de l'état mental des épilept. Paris 1861.
Spielmann, Diagnostik etc. p. 334, 482.
Morel, d'une forme de délire etc. Paris 1860.
Cossez, recherches sur le délire epil. Paris 1855.
Hoffmann, Beobacht. üb. Seelenst. u. Epilepsie. Frankf. 1859.
    p. 146.
Griesinger, Lehrb. II. Aufl. p. 411.

    Unter dem Sammelnamen der epileptischen Manie für
die transitorischen unfreien Seelenzustände der Epileptiker hat man eine Reihe von Zuständen zusammengefasst,
die keineswegs sich unter dem Begriff der Manie bergen
lassen und eine genaue Analyse und Unterscheidung erfordern. Gerade wie die convulsiven Anfälle der Epilepsie
in ihrem Krankheitsbild vielfach wechseln können, bald als
allgemeiner convulsiver Paroxysmus, bald als partielle Con-
tractur oder Convulsion sich äussern können, so zeigen
sich auch grosse Verschiedenheiten bei der psychischen
Epilepsie. Transitorische psychische Störungen finden sich
bei Epileptikern unter dreierlei Verhältnissen, entweder im
Anschluss an einen epileptischen Anfall oder eine Anfallsgruppe, oder in der Zwischenzeit zweier epileptischer Anfälle; oder, in selteneren Fällen, die convulsiven Anfälle

der Epilepsie verschwinden längere Zeit oder dauernd und werden von einem transitorischen psychischen Symptomencomplex vertreten (epilepsia larvata, psychische Epilepsie), während der neuropsychische Grundcharakter der Neurose sich nicht ändert oder im Verlauf auch in der interparoxysmellen Zeit eine Veränderung erfährt. Am besten gekannt sind jedenfalls die Zustände, welche in unmittelbarem Zusammenhang mit convulsivischen Paroxysmen bei Epileptikern auftreten. Meist nach, seltener vor dem Paroxysmus, (wo sie dann unmittelbar aus der Prostration und dem Sopor hervorgehen), ausbrechend, entsprechen sie noch am ehesten dem Krankheitsbild der Manie, und zwar bald dem der heftigsten furibunden Tobsucht *), durch die der Kranke sich selbst und Anderen in hohem Grade gefährlich wird, bald dem einer einfachen maniakalischen Exaltation, in der das Delirium zurücktritt und nur mehr einem unbeherrschten Gedankendrang bis zur Verworrenheit, Platz macht. Diesen letzteren Zustand haben wir nicht selten auch bei Hysteroepileptischen vor oder nach ihren Anfällen beobachtet.

Diese maniakalischen Paroxysmen, deren erste Varietät sich vielfach dem Bild der Mania transitoria nähert, insofern als sie die Plötzlichkeit des Auftretens und Verschwindens, mit Störung des Welt- und Selbstbewusstseins mit demgemäss vorhandener Amnesie, mit ihm gemein haben, dauern in der Regel nur einige Stunden, zuweilen bis einige Tage; sie enden ebenso plötzlich als sie entstanden sind, und hinterlassen, ausser grosser gemüthlicher Reizbarkeit, vorübergehender psychischer und körperlicher Prostration keine Spuren.

---

*) Beispiele s. Falret op. citat. observ. III. S. ferner Jahn (Henke's Zeitschrift 1827. p. 182). — Fall von epilept. Manie und Mord in derselben, der in einer Anfallsgruppe convulsiver Paroxysmen hereinfiel. Falret, observ. V.

Auch die »Mania epileptica,« wenn sie isolirt zwischen 2 Anfällen oder Anfallsgruppen auftritt, zeigt durchaus nicht immer ein mit den maniakalischen Zuständen übereinstimmendes Krankheitsbild.

In der Mehrzahl der Fälle zeigt sich mehr ein der Melancholie sich näherndes, ein Zustand von Gereiztheit, psychischer Depression, der in eine ängstliche Erregung, einen ängstlichen Affect, meist mit präcordialen Bangigkeitsgefühlen übergeht und paroxysmenweise auftritt. Auf der Höhe des Stunden bis Tage dauernden Anfalls (Petit mal, Falret) kommt es nicht zu motorischen Reactionen auf die Angstgefühle, der Kranke rennt in der Weise einer Melancholia errabunda der ältern Medizin planlos herum, bis er erschöpft zusammen sinkt, oder er begeht eine Reihe negativer Handlungen, die in Selbstmord, Mord, Brandstiftung, Diebstahl etc. bestehen können. Zuweilen wird auch das Gefühl des Beherrschtseins durch Angstgefühle, mit oder ohne Eingehen von Hallucinationen, allegorisirt, und es kommt zu einem transitorischen dämonomanischen Wahn. Bezeichnend für solche Zustände ist die summarische traumartige oder ganz fehlende Erinnerung für die Dauer dieser Zustände, die oft den Verdacht einer Simulation erweckt. Derartige Zustände einfacher oder präcordialer Dysthymie auf epileptischer Basis mit aus jener hervorgehenden negativen Strebungen, Entäusserungsversuchen der Angst und Beklemmung, liegen unzweifelhaft vielfach den monomanischen Antrieben in der Literatur und insbesondere auch dem Hang der Epileptiker zum Diebstahl (als negativer Handlung) zu Grund. Es scheint, dass die Anfälle dieses melancholischen Symptomencomplexes seltener sich bei Epilepsie finden, als die des folgenden, mehr der Melancholia activa angehörenden, um dessen Würdigung und genauere Charakterisirung sich Falret (l. c.) besonders verdient gemacht hat und den er als »grand mal psychique« bezeichnet, obwohl wir nicht mit ihm übereinstimmen können, wenn er den Zustand als einen maniakalischen auffasst. Diese Mania acuta epileptica äussert sich als ein äusserst brüsk auftretendes, oder höchstens von leichten sensiblen oder elementaren psychischen Störungen eingeleitetes furibundes Delirium, dessen einzelne Anfälle in ihrem kleinsten Detail einander gleichen, und dem der exquisit schreckhafte Inhalt der Wahnvorstellungen und massenhaften Sinnesdelirien, die sich meist auf schreckhafte Visionen, Gespensterspuck und Todesgefahr beziehen, etwas Specifisches verleiht. Die Dauer dieses Zustandes beträgt meist einige Tage. Der Kranke kommt plötzlich, wie aus einem Traume, zu sich, zeigt vollkommene Amnesie für alles Vorgefallene oder höchstens eine traumartige summarische Erinnerung. Bemerkenswerth ist auch noch eine weitere transitorische Störung des Bewusstseins, die sich zuweilen zwischen 2 Anfällen findet und als epileptische Lücke des Bewusstseins sich bezeichnen lässt. Es kommt vor, dass der Kranke, im Zwischenraum zwischen zwei epileptischen Anfällen, scheinbar besonnen handelt und spricht, und dennoch in einem tiefen Traumzustand, ähnlich dem Somnambulismus, sich befindet, von dem er nachher entweder keine, oder kaum eine summarische Erinnerung, bewahrt. Zu den merkwürdigsten und forensisch höchst bedeutenden Erscheinungen gehören die Fälle dritter Categorie, in welchen im Verlauf die convulsiven Paroxysmen zurücktreten und an deren Stelle deliriöse Zustände sich einstellen, die nun in der Folge allein in Scene treten, oder auch noch dann und wann von convulsiven Paroxysmen substituirt werden. Ja in ganz seltenen Fällen kann es kommen, dass das epileptische Leiden durch gar keine convulsiven Anfälle oder Vertigozustände sich äussert und von vornherein transitorische psychische Symptomencomplexe bestimmter Art sich vorfinden, bis endlich einmal nach langer Zeit die epileptische Neurose sich durch einen wohlcharakterisirten Anfall kundgiebt. Immerhin ist übrigens bei solchen Zuständen psychischer oder larvirter Epilepsie der Zweifel erlaubt, ob nicht convulsive oder

vertiginöse Erscheinungen der Neurose dennoch da waren,
was immerhin Regel ist, und weil sie nur in Form einer
leichten Vertigo sich äusserten oder nächtlicher Weile auftraten, übersehen wurden. Bei der dürftigen Casuistik, die
über diese wenig bekannte Neuropsychose vorliegt, lässt
sich kaum ein allgemeines Krankheitsbild dieser Paroxysmen entwerfen, auch scheint es individuell zu variiren. —
In manchen Fällen erscheint es als »petit mal,« in anderen in der Weise des »grand mal,« und zwar vorzugsweise als furibundes Delirium mit schreckhaften Hallucinationen und Wahnvorstellungen.

Die Grundeigenthümlichkeiten des epileptischen Deliriums — Plötzlichkeit des Eintritts und Aufhörens,
kurze Dauer der einzelnen Anfälle, Uebereinstimmung der
einzelnen unter sich bis ins kleinste Detail, Aufhebung des
Bewusstseins in der Weise eines tiefen Traumzustandes mit
Amnesie für das in die Zeit des Anfalls Fallende —, kommen auch ihm zu, und berechtigen dazu es für eine Sub-
stitution gewöhnlicher epileptischer Paroxysmen zu halten,
welche Annahme auch darin eine Stütze findet, als der interparoxysmelle Zustand ganz dem der gewöhnlichen Epilepsie entspricht, und zuweilen aus der Eigenthümlichkeit
des paroxysmellen und interparoxysmellen Bildes sich mit
Sicherheit auf die Grund-Neurose zurückschliessen lässt.

Folgender Fall einer derartigen Epilepsia larvata, der
von uns schon in der »Allgem. Zeitschrift für Psychiatrie«
1867. H. 4 in extenso mitgetheilt wurde, und alle möglichen Phasen und Transformationen einer epileptischen Neuropsychose durchgemacht hat, dürfte die Richtigkeit des
Angeführten bestätigen.

Beobachtung 15.

W. Weiss, 33 J. alt, Taglöhnerin, wurde der Irrenanstalt am 10. Juli 1865 aus der Untersuchungshaft in der
sie sich wegen Wäschediebstahl seit 15. Mai befunden hatte,
wegen zweifelhafter Seelenstörung zugeführt. Sie war in

ihrer Ernährung sehr herabgekommen, anämisch, litt an Intercostalneuralgie, und bot psychisch das Bild grosser geistiger Schwäche und Reizbarkeit. Ihren Diebstahl gestand sie unumwunden ein, behauptete aber ein schwarzer Mann, den sie auch im Gefängniss gesehen, habe sie dazu aufgefordert. Schon einige Tage vorher und früher öfter, sei ihr so sonderbar im Kopf gewesen, sie habe oft ein Hämmern darin gespürt und wenn dies kam, habe sie auf und davon gemusst und planlos Tage lang herum laufen müssen; so sei es alle paar Wochen über sie gekommen. Bis zum 18. November konnte die Beobachtung ausser intellectueller und Gedächtnissschwäche, grosser gemüthlicher Reizbarkeit, zeitweiser Gedrücktheit, Verstimmung, vagen Angstgefühlen, Klagen über Intercostalschmerz, nichts Wesentliches ermitteln; da schreckte die Kranke, welche ausser einer gewissen Verstörtheit und grösseren Gereiztheit nichts besonderes geboten hatte, plötzlich auf, rannte davon und wurde von den nacheilenden Wärterinnen in verzweifeltem Kampf mit einem schrecklichen Phantasma gefunden. Der Kopf war glühend heiss und roth, der Blick wild, das Gesicht entstellt; plötzlich stürzte sich die Kranke auf die Umgebung, biss, trat, schlug um sich aus Leibeskräften. Nach 10 Minuten wurde sie ruhig, begann zu appercipiren, blieb aber noch einige Stunden sehr gereizt, schwerbesinnlich, verstimmt mit schmerzlichem Gedankendrang und ging dann in den Status quo ante über. Von dem was während ihres Anfalls mit ihr geschehen war, hatte sie kein Bewusstsein, dagegen erzählte sie, dass plötzlich eine fürchterliche Bangigkeit über sie gekommen sei und ein schwarzer Mann mit langen Ohren, Bocksfüssen vor ihr gestanden, Feuer gegen sie gespieen, ihre ewige Seligkeit verlangt und befohlen habe, dass sie Alles zusammenschlage. Er habe sie in die Seite getreten, ins Herz gestochen und gebrannt. In einem späteren Anfall zeigte sich, dass eine heftige Intercostalneuralgie vorhanden war, dass Druck auf die Schmerzpunkte den Anfall zu extremer Höhe steigerte, Injection von Morphium am locus dolens ihn coupiren konnte, es sich somit um eine neuralgische Dysthymia transitoria handelte, was auch die spätere Beobachtung evident nachwies.

Derartige Anfälle kehrten in der Folge mehrfach wieder. Hämmern im Kopf, Schmerz in der Seite, Congestion zum Kopf, verstörter, grosse Angst verrathender Blick, grosse Gereiztheit, barsche Sprache, plötzliche Angriffe auf die Umgebung waren regelmässig die Prodrome der Anfälle, die plötzlich eintraten, 10 Minuten bis eine halbe Stunde dauerten und nur eine Erinnerung für das im Traumzustand Erlebte hinterliessen. Heftiger Kopfschmerz, Mattigkeit, Reizbarkeit, Schwerbesinnlichkeit bestanden dann noch einige Stunden, worauf die Kranke in den Status quo ante jeweils wieder zurückkehrte.

Deuteten schon die grosse Gedächtnissschwäche, die grosse Reizbarkeit und zeitweise phychische Verstimmung der Kranken, ihre ganz abrupt auftretenden Hallucinationen, die Art der Anfälle selbst, ihre Gleichförmigkeit, die Delirien und Hallucinationen schrecklichen Inhalts in diesen, ihr plötzliches Auftreten, die Amnesie für Alles während des Anfalls um die Kranke vorgegangene, der Uebergang zum frühern Status durch ein Stadium des Stupors auf ein epileptisches Grundleiden, so gewann diese Vermuthung noch mehr Raum, als Patientin während ihres Aufenthalts im Krankenhause mehrmals vertiginöse Zufälle bekam und ihre Anamnese bekannt wurde, aus der folgendes bemerkenswerth ist: Eine Schwester litt an Epilepsie; die Kranke selbst seit ihrem zehnten Jahr an Intercostalneuralgie, mit deren Exacerbationen schon früh jeweils ängstliche Unruhe, Drang planlos umherzuschweifen, zeitweise auch genuine epileptische Kampfanfälle auftraten. Mit der Pubertätszeit hörten diese auf, an ihre Stelle traten mit Ausbrüchen der Neuralgie die ersten Hallucinationen. Dasselbe dämonische Phantasma das im spätern Krankheitsverlauf eine so grosse Rolle spielt, erschien in Zeiträumen von 4—12 Wochen, spie Feuer gegen

sie, schlug gegen sie (an die neuralgische Stelle) befahl ihr
zu stehlen, zusammenzuschlagen etc., welchem Befehl sie
meist Folge leisten musste. Auf der Höhe dieser Anfälle
musste sie plan- und ziellos, verfolgt vom »Bösen« umher-
rennen, zerstören, stehlen etc., und wenn sie nach Stunden
oder Tagen erschöpft heim kam, wusste sie nicht wo sie
gewesen war, noch was sie gethan hatte. Zuweilen, bei ge-
ringeren Exacerbationen der Neuralgie kam es nicht zur
Vision, sondern nur zu grosser Bangigkeit im Epigastrium
und Ruhelosigkeit und negativen Antrieben. So war der
Fall aufgeklärt, handelte es sich um eine epileptische Re-
flexneurose die bald als einfache psychische Depression mit
ängstlichen Affekten und negativen Antrieben, bald als hal-
lucinatorisches Delirium in bestimmter Weise, bald als
Vertigo in Scene trat, und trotz der Vielgestaltigkeit
des Krankheitsbilds, aus der Pathogenese, dem Verlauf, dem
immer nachweisbaren peripheren Reiz, den eigenthümlichen
paroxysmellen und interparoxysmellen Erscheinungen das
Grundleiden erkennen liess. Merkwürdiger Weise sind auch
in der Folge nachdem die Patientin schon längst aus der
Anstalt entlassen und längere Zeit von diesen deliriösen Zufällen freigeblieben war, Anfälle von genuinen epileptischen
Krämpfen, die seit dem fünfzehnten Jahr zurückgetreten waren,
wiedergekehrt und haben so das Krankheitsbild der Epilepsie nach jeder Richtung vervollständigt.

Beobachtung 16.

E. G. Bauer, fiel vor 8 Jahren auf den Boden einer
Tenne und erlitt eine heftige Kopfcontusion. Seitdem epileptische Anfälle, die sehr stark und fast täglich eintraten.
Seit seiner Verheirathung vor 2 Jahren hatten die convulsiven Zufälle sich sehr vermindert, aber an ihre Stelle waren Anfälle anderer Art getreten. Mitten in vollem Wohl-
sein überkam ihn ein Hauch, ein Dunst, ein heftiges Angst-
gefühl, während eine brennende Hitze aus dem Unterleib
aufstieg und in die Brust trat, dort heftige Angst und Un-

ruhe verursachte, dann den Kopf mit brennender Hitze füllte
und ihn schliesslich des Bewusstseins beraubte. Auf der
Höhe des ¼ bis eine Stunde währenden Paroxysmus gerieth
er in Ausbrüche der wildesten Wuth, wollte sich und Andren ein Leid zufügen, fühlte sich geneigt Feuer anzulegen
und hatte mehrmals in solchen Anfällen von Wuth und
Raserei Frau und Eltern geschlagen und misshandelt. Im
Anfang stellten sich diese Paroxysmen in Pausen von 6—8
Wochen, in der letzten Zeit fast täglich ein. In der inter-
vallären Zeit war er des ungestörten Gebrauchs seiner See-
lenkräfte mächtig und sehr bekümmert über die schreckliche
Krankheit an der er litt. (Hintze, Henke Zeitschr. 1822.
H. 1 p. 34).

Die transitorischen Bewusstseinsstörungen der Epileptiker haben eine äusserst grosse forensische Bedeutung, da
. die schwersten Gewaltthaten durch sie in Scene gesetzt werden können. Die plötzlich bei solchen Menschen ausbre-
chenden Wuthanfälle, die traumartigen Delirien der Verfolgung und Todesgefahr, die schrecklichen Hallucinationen —,
machen diess leicht begreiflich und erklären die rücksichts-
losen und plötzlichen Angriffe auf die Umgebung *) und
das eigene Leben **).

---

*) Fälle s. Legrand op. cit. p. 409, 410, 420, 422. Orfila,
médec. légale t. II. p. 57. Morel, traité des malad. ment. p. 695,
696. Zehnder, der Mord in Hagenbuch, Zürich 1867. Etoc-De-
mazy, Ann. méd. psych. 1867. p. 480. (Brandstiftung und Ermordung der Frau im epilept. transit. Delir.). Amelung, Nasses
Jahrb. Bd. I p. 267; (Henke, Abhdl. V. p. 190). Ebers, Zurechnung p. 219. Fall XV. Marc Ideler, II Beob. 211; Spielmann op. cit. p. 483. Jahn, Henke's Zeitschr. 1827. XIV p. 282..
**) Legrand du Saulle, op. cit. p. 443. Ebers, p. 228.
Fall XVI. S. f. Thompson Dickson, Brit. med. Journ. 1867.
Nov. Selbstmordversuch eines jungen Mädchens das an vertigo epileptica litt und nach einem solchen Anfall sich eine Halsschnittwunde
beibrachte. Sie war die Treppe hinabgestiegen, hatte ein Rasier-
messer geholt und sich dann auf dem Bett den Schnitt beigebracht.
Völlige Amnesie für den Vorfall.

Aber auch Diebstahl*), Brandstiftungen **) und andere
negative Handlungen entspringen leicht aus den momentanen
schmerzlichen Affecten, Dysthymieen etc. solcher Unglücklichen.

Es sollte als Grundsatz in der gerichtlichen Medizin
gelten, dass überall, wo solche schreckliche, urplötzliche,
gleichsam instinctive Gewaltthaten vorkommen, zunächst an
Epilepsie gedacht würde, und die Untersuchung sich zunächst in dieser Richtung zu bewegen hätte ***). Wir halten eine Verkennung derartiger Zustände, trotz ihrer transitorischen Dauer, um so weniger für leicht, als nicht bloss
der Mechanismus der Handlung und das Krankheitsbild im
Paroxysmus etwas spezifisches hat, sondern auch die Beachtung des interparoxysmellen Verhaltens wichtige Fingerzeige
giebt, so dass zuweilen schon aus der Beachtung des einen
oder des anderen Moments die Grundneurose mit grösserer
oder geringerer Sicherheit sich erschliessen lässt. Handlungen ohne Motiv, planlos, rücksichtslos, plötzlich, geräuschvoll in Scene gesetzt, Ausbrüche wilder Wuth und Vernichtung, die kein Ziel kennt, — erscheinen die Thaten des
epileptischen Deliriums. Plötzlichkeit des Ausbruchs und
Verschwindens, verworrenes Durcheinander von schreckhaften Delirien und Hallucinationen, Untergegangensein des
Bewusstseins in einem tiefen Traumzustand, dem auch der
Mechanismus des Handelns entspricht, enorme motorische
Reaktion gegen den überwältigenden schrecklichen Traumin-

_____

*) Damerow's, Allg. Zeitschr. f. Psych. Bd. I. H. 3. Schup-
mann, ibid. Bd. III. H. 4. Müller, Annal. d. Staatsakde. 1837.
H. 1 und 1847. H. 2. p. 206.

**) Bonnefous, Ann. méd. psychol. 1867. Juillet. p. 37.

***) Trousseau sagt sogar: »Si un individu a commis un
meurtre sans but, sans motif possible, sans profit pour lui ni pour
personne, sans préméditation, sans passion, au vu et au su de tous,
par conséquent en déhors de toutes les conditions où les meurtres
se commettent, j'ai le droit d'affirmer devant le magistrat que
l'impulsion au crime a été presque certainement le résultat du choc
épiléptique.« — Discours à l'Académie.

halt, bis zu Ausbrüchen wilder Wuth und Verzweiflung, völlige Amnesie oder höchstens ganz summarische Erinnerung für das Stattgefundene, sind die Kriterien des Paroxysmus. Besonderen Werth gewinnt auch hier wieder die Amnesie, deren qualitative und quantitative Ermittlung und Sicherstellung äusserst wichtig ist und nicht verleiten darf Simulation anzunehmen. Aber wenn auch damit der subjective Zustand noch nicht festgestellt ist, so genügt ein Blick auf den habituellen Zustand des Betreffenden, die Ermittelung etwaiger früherer convulsiven oder vertiginösen Zufälle desselben, die Constatirung etwaiger allmählig eingetretenen psychischen Störungen und Charakterveränderungen, Reizbarkeit, Geistesschwäche, zeitweise desultorische, schreckhafte Hallucinationen, periodische Exaltations- und Depressionszustände, Auragefühle, prodromaler und den Paroxysmus abschliessender Erscheinungen, um mit Sicherheit die epileptische Neurose und damit auch die Art des Paroxysmus festzustellen. Die Aufgabe ist hier viel leichter als bei mania transitoria, die meist eine ganz isolirte psychische Erscheinung im Leben eines Menschen ist, selten recidivirt und kaum Erscheinungen vor und nach den Anfall erkennen lässt. Schwer ist die Aufgabe nur da, wo die psychische Epilepsie rein ist und lange Zeit weder psychische noch convulsive Paroxismen wiederkehrten, wo sie dann leicht mit mania transitoria verwechselt wird. Ueber die gerichtliche Beurtheilung dieser sicher constatirten Zufälle bleibt nur wenig zu sagen übrig. Es versteht sich, dass sie, so lange sie dauern, einen Menschen völlig der Verantwortlichkeit für seine Handlungen entbinden; ihre rechtliche Beurtheilung fällt ganz mit der der mania transitoria zusammen, von der wir sie aber durchaus klinisch trennen müssen.

b) Die transitorischen Bewusstseinsstörungen der Hysterischen und Hysteroepileptischen. —

Literatur:

Griesinger, Lehrbuch; 2. Aufl., p. 185.
Briquet, de l'hystérie. p. 428.

Morel, traité des maladies mentales. p. 672.

v. Krafft: Friedreich's Blätter für gerichtl. Medizin. 1866. Heft 3.

Wie die Epilepsie, mit der die Hysterie und Hystero-epilepsie, sowohl im paroxysmellen als auch interparoxysmellen Zustand viele Berührungspunkte und Analogieen haben, sind auch bei diesen Neurosen transitorische Störungen des Bewusstseins keine seltene Erscheinungen. So wechselvoll und proteusartig wie der ganze Symptomencomplex dieser grossen Neurosen, sind auch ihre psychischen Transformationen und Substitutionen. Manches haben diese transitorischen Delirien mit der Epilepsie gemein, so die Plötzlichkeit der Anfälle, ihr schnelles Verschwinden, die mehr wenige vollständige Amnesie für das in die Zeit des Anfalls Fallende, das Untergehen des Bewusstsein's in einem tiefen Traumzustand. Auch das zeitliche Auftreten der Anfälle hat viel mit den transitorischen Delirien bei Epileptikern Gemeinsames, insofern als dieselben consulsive Paroxysmen einleiten, ihnen nachfolgen oder sie vertreten können. Andererseits zeigen sich aber auch wieder Verschiedenheiten vom epileptischen Delirium, insofern das hysterische und das hysteroepileptische ein mehr systematisches ist, häufiger einen expansiven als depressiven Inhalt hat. Doch giebt es auch hier wieder Uebergänge, und bei manchen Fällen von hystroepileptischer Neurose kann das Delirium ein so verworrenes, depressives werden, dass ein Unterschied von dem psychischen grand mal des Epileptikers nicht mehr herauszufinden ist. Eben des seltenern depressiven Inhalts des Deliriums, und der seltener sich hieraus ergebenden Gefährlichkeit der Handlungen willen, haben diese Zustände eine ungleich geringere Bedeutung für das Forum, als die analogen der Epileptiker; um so grösser ist ihre Bedeutung für die medizinische Polizei. Gar manches Mal, besonders in vergangenen Jahrhunderten, ist mit diesen transitorischen Bewusstseinsstörungen Hysteroepileptischer arger Unfug, ,Spuck und Mysticismus getrieben worden. (Vergl. den Bericht von Dr. Constant (Rélation sur une épidémie

d'hysterodémonopathie 1852) über die letzte derart vorge-
kommene Epidemie von hysteropathischem Delirium zu Mor-
zine in Savoyen. S. ferner: Dr. Kuhn, Annal. méd. psych.
Mai 1865. Legrand du Saulle la folie etc. p. 348.). —
Was das speciell Phänomenologische dieser Zustände
betrifft, so zeigen sie bei den rein Hysterischen häufig das
klinische Bild der Ekstase, besonders in religiösem Gewand,
mit zuweilen deutlicher dämonomanischer Färbung bis zu
religiöser Verzücktheit. Die Kranken sind in diesem Zustand des Selbstbewusstseins beraubt, in tiefem Traumzustand, dessen Inhalt ein höchst potenzirtes Gefühlsleben,
eine mystische Vereinigung mit dem Göttlichen, himmlische
Visionen, entsprechende Wahnvorstellungen sind. Auf der
Höhe des Anfalls, der bis zu Stunden dauern kann, kommt
es leicht zu kataleptischen Zufällen mit völligem Aufgeho-
bensein der Apperceptionen, zu begeistertem Predigen, Reden in fremden Sprachen, mystischen Weissagungen und
kirchenmässigen Singen. Die Erinnerung an die paroxysmellen Vorkommnisse ist vollständig aufgehoben oder eine
höchst summarische *).

In andern Fällen zeigen sich bei Hysterischen Zufälle
von Somnambulismus (Briquet, traité de l'hystérie p. 412).
Eine seltenere Form, die wir wiederholt bei 2 Hysteroepileptischen beobachteten, waren Anfälle von ½ bis 2 Stunden dauernder maniakalischer Exaltation, die regelmässig
den hysteroepileptischen Paroxysmus einleiteten, in der Form
lebhafter Vociferationen, Singen, Lachen, mässigen Bewegungsdrangs, Tanzen erschienen, und auffallender Weise
keine Erinnerung für das Vorgefallene hinterliessen. Nicht
selten verband sich damit Sammeltrieb und Stehlsucht.

Entschieden grössere Verwandtschaft mit dem epileptischen zeigt das Delirium der Hysteroepileptischen. In der

---

*) Vgl. Jessen Psychologie p. 633 zahlreiche Beispiele. Ide-
ler, medizinische Vereinszeitung für Preussen. 1847. Nr. 2 Reil,
über die Erkenntniss und Kur der Fieber. Halle 1805. IV. Band.
p. 142.

Regel findet es sich auf der Höhe der convulsiven Paroxysmen oder'in der Zwischenzeit zwischen denselben, seltener leitet es sie ein, noch seltener vertritt es die Stelle der krampfhaften Zufälle. Einen derartigen Fall, in welchem die deliriösen Paroxysmen in innigem Connex mit einer durch Trauma entstandenen Cervicooccipitalneuralgie standen, haben wir (in Friedreichs Blättern 1866. H. 5, p. 359) mitgetheilt. Wir lassen, da diese Zustände noch wenig Bearbeitung gefunden haben, einige selbsbeobachtete Fälle folgen. —

Beobachtung 17.

Leopoldine W., 25 Jahr alt, ledig, erblich zu Psychosen disponirt, war nach einem an ihr verübten Stuprum, das eine virulente Leucorrhoe zur Folge hatte, in melancholia siphilidophobica verfallen, aus der sich ein Status nervosus, psychische Depression und Hysterismus herausgebildet hatten. Auf Globus und andere spastische und hyperästhetische Beschwerden folgten, imitatorisch durch eine andere Kranke erweckt, genuine hysteroepileptische Zufälle, mit denen sich bald Delirien verbanden und schliesslich die motorischen Symptome des Anfall's verdrängten.

Die Anfälle wurden von grosser psychischer Depression und Bangigkeit eingeleitet; dann entstand Schwindel, das Bewusstsein erlosch, die Kranke sank um, und fing an die Scene ihrer Schändung zu halluciniren, an die sich eine Menge schmerzlicher Reproduktionen anreihte. Bald wurde auch der motorische Apparat in Aktion gesetzt, und zwar theils als willkürliche verzweifelte Gegenwehr gegen die hallucinatorischen Gestalten mit blindem Schlagen, Beissen, Schimpfen und Toben, theils unwillkührlich, choreaartig, in unzweckmässigem Muskelspiel, reflectorisch angeregt, durch dumpf empfundene und in zeitweisem Stöhnen und Wimmern geäusserte heftige Muskelhyperaesthesieen. Die Bulbi oscillirten hin und her, wurden oft krampfhaft verdreht; die Pupillen waren erweitert und reagirten nicht, die Sinnesperception war völlig aufgehoben. Nicht immer behielten diese Anfälle, in denen die Kranke eine ausserordentliche

Kraft entwickelte und nur mit Mühe von der Beschädigung
ihrer selbst oder anderer Personen abgehalten werden konnte,
ihre ursprüngliche Erscheinungsform bei. An die Stelle
der hallucinatorischen Reproduction des für die Entstehung
ihrer Krankheit bedeutungsvollen Ereignisses trat später ein
verworrenes, ängstliches Delirium, von dem nur einzelne
Laute verständlich waren; häufiger ein gewissen hysterischen
Zuständen eigenthümliches geschwätziges einfaches Repro-
duziren des gewöhnlichen Gedankengangs, ein wahrer Status präsens der temporären Denk- und Empfindungsweise
der Kranken, der Betrachtungen über ihre unglückliche
Lage, Tageserlebnisse zum Inhalt hatte; dazwischen tetanische
Streckungen, kataleptische Starre und allgemeine convulsive
Erscheinungen. Das Aufhören der Anfälle kündigte sich in
der Regel durch Abnahme der motorischen Erregung an,
worauf die Kranke durch ein wenige Minuten dauerndes
soporöses Stadium zu sich kam. Solche Anfälle, die ½ bis
1 Stunde jeweils dauerten, und deren eines bis ins Detail
dem andern glich, kamen zuweilen täglich. In der Zwischenzeit bestand ein exquisiter Status hystericus mit grosser Reizbarkeit, Gedrücktheit, Launenhaftigkeit, Neuralgieen
und Hyperästhesieen. Die Kranke erinnerte sich des im
Anfall in ihr Vorgegangenen und mit ihr Geschehenen in
keiner Weise.

Beobachtung 18.

B. K., 19 Jahr alt, Fabrikarbeiterin, von nervösem Temperament, bot seit dem ersten Eintritt der Menses im 17.
Jahr Zeichen von Chloroanämie und Hysterismus. Fabrik-
leben, pietistische Einwirkungen und üble Behandlung von
Seiten der Mutter verschlimmerten den Zustand. Im 18. Jahr
Anfälle von religiöser Ecstase, statt deren später, jeweils
zum Menstruationstermine, reine hysteroepileptische Krämpfe,
bald nach dem Schema einer Chorea major, bald eines heftigen epileptischen Krampfanfalls eintraten. Im interparoxysmellen Zustand Status nervosus, Hysterismus, häufiger

Stimmungswechsel, zeitweise leichte maniakalische Exaltation
mit Stehl- und Sammeltrieb. Nach längerer Dauer, jeweils
zur Menstruationszeit eintretender hysteroepileptischer
Krampfanfälle, erscheint statt dieser, aber von denselben
Prodromi (Epigastralgie, Bangigkeit, Globus etc.) jeweils
eingeleitet, ein traumartiges Delirium. Die Kranke wird
von schreckhaften Hallucinationen verfolgt, glaubt sich von
ihrer Mutter geschlagen, mit heisser Milch übergossen,
wehrt sich wie eine Verzweifelte gegen die Umgebung, von
der sie kaum gebändigt wird. Ein schmerzlicher Gedankendrang, der frühere wirkliche Misshandlungen durch die
Mutter zum Inhalt hat, reiht sich daran; schreckhafte Visionen
diabolischer Gestalten und hässlicher monströser Thiere tau-
chen auf, gegen die sich die ganz bewusstlose Kranke mit
dem Ausdruck der heftigsten Angst zur Wehre setzt. Nach
1 bis 2 Stunden kehrt die Kranke zur Wirklichkeit zurück.
Von dem, was um sie vorging, hat sie keine Erinnerung,
von ihrem hallucinatorischen Delirium nur eine höchst summarische. In der Folge wechseln häufig solche deliriöse Zufälle mit hysteroepileptischen ab. —

Beobachtung 19.

Anna S., 23 Jahr alt, Bauernmädchen, erblich zu Neurosen disponirt, von nervösem Habitus, erkrankte, in Folge
eines heftigen Schreckens während der Menstruation, in
ihrem 19. Lebensjahre an einer complicirten Neurose, die
als status nervosus begann, und bald einen hysteroepileptischen Charakter annahm. Mit ausgesprochenen, in Pausen
von wenigen Wochen sich wiederholenden clonischen und
tonischen Krampfzufällen bei aufgehobenem Bewusstsein,
wechselten Anfälle heftiger Präcordialbangigkeit mit schrecklichen Delirien und Hallucinationen und aufgehobenem Bewusstsein, die nach einigen Stunden jeweils vorüber waren,
und vollständige Amnesie hinterliessen. Nicht selten machte
die Kranke in solchen Paroxysmen gefährliche Angriffe auf
sich und die Umgebung, so dass sie bewacht werden musste.

5 *

In der interparoxysmellen Zeit bildete sich immermehr ein
Zustand von Reizbarkeit, gemüthlicher Verstimmung und
Gedächtnisschwäche aus, wie er bei schweren Krampfformen
sich häufig findet. Den Anfällen der transitorischen Bewusstseinsstörung ging jeweils Kopfweh und grössere gemüthliche Verstimmung voraus; dann wurde die Kranke
plötzlich starr, stürzte mit der Miene höchster Angst auf
die Umgebung los, schlug um sich, bäumte sich, wurde bewusstlos zu Bett gebracht, wo leichte klonische und tonische
Krämpfe und Verdrehungen der Glieder auf der Höhe des
Anfalls eintraten, der nach einer halben Stunde in einen
schlafähnlichen Zustand überging, aus dem die Kranke munter erwachte, und nur über ein Gefühl von Dumpfsein im
Kopf klagte, ohne sich des während des Anfalls Vorgegangenen bewusst zu sein. In den folgenden Jahren näherte
sich das Bild in der anfallsfreien Zeit immer mehr dem der
folie épileptique. Die hysteroepileptischen und deliriösen
Zufälle wurden seltener, die letzteren änderten insofern ihren
Inhalt, als in ihnen ein Moment, das für den Ausbruch der
Neurose Bedeutung hatte, nämlich ein Versuch des Dienstherrn,
die Kranke geschlechtlich zu missbrauchen, den Kern des
Deliriums bildete, das übrigens seinen depressiven Charakter
nicht änderte und oft ein Beherrschtsein von schrecklichen
Hallucinationen deutlich erkennen liess. Nie bestand eine
Erinnerung an die paroxysmelle Zeit. —

Die im Vorstehenden angeführten Beispiele von hystero-
epileptischem Delirium dürften genügen, um ein Bild dieser
eigenthümlichen Form transitorischer psychischer Alienation
zu geben. Wenn sie auch, in dem Maass als ein depressiver
Inhalt, Affekte heftigster Angst und bedeutende motorische
Reaktion auf die schreckhaften Hallucinationen und Wahnvorstellungen in ihnen zu Tage tritt, sich dem grand mal
der Epileptiker nähern, so haben sie doch auch manches
Specifische. Einmal die durchaus hysterischen Prodrome,
welche den Anfall einleiten und ferner das Eigenthümliche,
dass vorzugsweise Ereignisse, welche den Ausbruch der Neu-

rose bewirkten, sich im Delirium wiederspiegeln, gleichsam den Kern desselben ausmachen, so dass das Delirium nur als einfache Reproduction des aetiologisch bedeutsamen Ereignisses, wenn auch in vielfach allegorisirter und transformirter Weise sich darstellt. —

Nicht minder charakteristisch ist ferner, dass das Delirium hauptsächlich durch psychische Eindrücke, die mit der Ursache in näherer oder entfernterer Beziehung stehen, zuweilen durch einfache lebhafte Erinnerung an dasselbe, zum Ausbruch kommt. Die Möglichkeit bedeutender Rechtsverletzungen (Vergl. Morel, traité des maladies mentales p. 675, Fall eines Mädchen, das in einem solchen Anfall ein Haus anzuzünden versuchte) in derartigen Zuständen liegt auf der Hand, und macht ihre forensische Würdigung wünschenswerth. Der subjective Thatbestand fällt wesentlich mit dem der Epileptiker zusammen; der Nachweis eines vorhanden gewesenen transitorischen Deliriums bei Hysteroepileptischen wird in derselben Weise zu ermitteln sein, wie bei den Epileptischen. Auch hier liefern ausser den Umständen der That, die den Charakter des Unbewussten deutlich an sich tragen wird, die Amnesie fürs Geschehene, die Ermittlung etwaiger prodromaler Erscheinungen (Globus, Bangigkeit, Reizbarkeit, Gemüthsverstimmung, nervöse Beschwerden) und consecutiver (Prostration, Gedrücktsein, Gereiztheit, status nervosus, urina spastica etc.) — Anhaltspunkte; dessgleichen die Anamnese, die über den Verlauf, die Entwicklung der Neurose und etwa früher dagewesene Anfälle Aufschluss giebt. Endlich der interparoxysmelle Zustand, der die Grundneurose mehr oder weniger deutlich erkennen lässt. —

c. Die Dysthymia neuralgica transitoria.

Literatur.

Schüle, die Dysphrenia neuralgica; eine klinische Abhandlung. Karlsruhe 1867.

Griesinger; Archiv für physiol. Heilkunde VII, p. 338.

Der älteren psychischen Medizin ist der mächtige Einfluss, welchen periphere Affektionen der sensibeln Bahnen (Neuralgieen) auf's Centralorgan unter gewissen Umständen erlangen können, grösstentheils entgangen *) und erst in der neuesten Zeit, insbesondere durch die hervorragenden Leistungen von Dr. Schüle, der in seiner Abhandlung über die Dysphrenia neuralgica das integrirende Miteingehen sensibler Functionsstörungen in die Pathogenese und den Verlauf der psychisch-cerebralen Störungen kennen und sie als centro-periphere Neurosen auffassen lehrte, ist der Bedeutung des peripheren Factors in den Psychoneurosen volle Anerkennung widerfahren.

Es kann nicht im Plan dieser Abhandlung liegen, auf die hohe Bedeutung der Mitaffektion sensibler Bahnen für die Pathogenese und klinische Deutung psychopathischer Processe aufmerksam zu machen; sie soll nur in soweit uns hier beschäftigen, als, unter besonderen Dispositionen

---

*) So häufig die sog. automatischen und monomanischen Antriebe durch Neuralgie auf hereditär psychopathischem Boden ausgelöst sein mögen, sind diese doch durchgängig übersehen und klinisch falsch d. h. rein psychologisch erklärt worden. Unter seiner »Wuth ohne Verkehrtheit des Verstands«, bringt Reil a. a. O. offenbar schon Fälle von Dysthymia neuralg. transitoria und bezeichnet auch annähernd die neuralgischen Sensationen, durch welche die Dysthymie erzeugt wurde. Er spricht von einem automatischen Trieb zu Grausamkeit und blutdürstigen Handlungen, der blos durch körperliche Gefühle erweckt, aber nicht durch Erkenntniss eines Zwecks oder Objects zur Thätigkeit bestimmt werde. So beginne der Anfall zuweilen mit dem Gefühl einer brennenden Hitze im Unterleib, und wenn dieser Process sich bis zum Gehirn ausdehne, bekomme der Kranke einen unwiderstehlichen blinden Trieb zum Morden. Weiter unten wird von ihm der Fall eines Bauern erzählt, der im vollen Gebrauch seiner Seelenkräfte zuweilen einen blinden Drang alle Menschen mit Steinen zu werfen bekam, und dabei ein fortdauerndes Brennen im Unterleib hatte; er war von äusserster Reizbarkeit. Eines Tags entwischte er aus dem Spital und ermordete Weib und Kind.

des Centralorgans, Affektionen peripherer sensibler Bahnen
jenes in solche Miterregung zu setzen vermögen, dass transitorische tiefe Störungen der psychischen Funktionen desselben, insbesondere des Selbstbewusstseins, daraus resultiren.
Wir fassen diese Zustände unter dem Namen der Dysthymia
neuralgica transitoria zusammen. Wir möchten daraus keine
Form psychischer Störung machen, denn diese eigenthümliche Reaktionsweise des Centralorgans ist immer nur eine
Theilerscheinung von Symptomencomplexen allgemeiner Neurosen und Psychosen; doch dürfte es immerhin aus forensischem
Standpunkt geboten sein, dieses Vorkommen gesondert zu be-
sprechen, da in derartigen transitorischen Zuständen gestörten
Selbstbewusstseins aus durch Neuralgieen bedingter sympathi-
scher Miterregung des Hirns schwere Vergewaltigungen und
Rechtsverletzungen leicht zu Stand kommen. Dass neuralgische periphere Functionsstörungen, welche unter gewöhnlichen
Verhältnissen die sensorischen Centren des Hirns nicht erreichen, zuweilen diese in lebhafte Miterregung, die das
Vorstellungsgebiet durch Delirien und Hallucinationen be-
antwortet, versetzen können, setzt besondere centrale Orga-
nisationen und Bedingungen voraus, deren Kenntniss wünschenswerth ist. Die Erfahrung lehrt, dass es vorzugsweise
Menschen von ererbter oder erworbener sensibler Constitution sind, Menschen von reizbarem nervösem Wesen und
schwachem oder geschwächten Nervensystem die eine solche
anomale Reaktionsweise zeigen. In nicht selten Fällen
sind solche Constitutionen angeborne und hereditäre, die
man als Vorstufen von Seelenstörung bezeichnen kann, und
bei denen nicht nur sensible Funktionsstörungen, sondern
auch Affekte, unerwartete Ereignisse ein schwaches und anor-
mal reagirendes Gehirn antreffen. In weiterer Linie sind es
tiefere Ernährungsstörungen des Gehirnnervensystems, die
neuralgischen Affektionen eine solche Irradiation auf psychische Centren gestatten. Besonders gilt diess für anämische
Zustände des Centralorgans, wie sie sich so häufig gerade
bei Frauen in der Pubertät, im Anschluss an Menstruations-

phasen, in der Schwangerschaft, im Puerperium etc. finden; weiter sind es die uns unbekannten Ernährungsstörungen, welche den grossen Neurosen zu Grund liegen (Epilepsie, Hysterie, Chorea, Status nervosus), unter deren Einfluss Neuralgieen so mächtige centrale Irradiation gewinnen können; endlich gewisse Erregungszustände des Hirns, welche die Basis hypochondrischer und melancholischer Symptomencomplexe bilden. Aber auch der periphere Reiz kommt dabei in Betracht; wenigstens hat schon Griesinger (Archiv für Heilkunde VII p. 338) gezeigt, dass es vorzugsweise frontale, epigastrale und hypogastrische neuralgische Affektionen sind, die transitorische Dysthymieen erzeugen, und Schüle (op. cit. p. 31.) schöpft aus reicher Erfahrung die damit übereinstimmende Bemerkung, dass dabei die Interocstalnervenbahnen, die Lumbal und Sacralgeflechte, die n. n. occipitales und frontales besonders bevorzugt sind. Der Ausfall der centralen Irradiation ist durch individuelle Disposition und Erregbarkeitsverhältnisse ein verschiedener. Während in leichteren Fällen nur vorübergehende Störungen der affektiven Thätigkeit die periphere Functionsstörung der sensibeln Nervenbahnen begleiten und sich in leichten gemüthlichen Verstimmungen, grosser Reizbarkeit kundgeben, kommt es in schweren, bei wachsender peripherer Reizgrösse und centraler Erregbarkeit, zu heftigen Affekten, (der sogenannte raptus melanchol., dessen weiter unten gedacht werden soll, gehört wohl grösstentheils unter die neuralgischen Dysthymieen —) und durch Irradiation auf Vorstellungs- und Sinnes-Centren zu negativen Vorstellungskreisen (Zwangsvorstellungen) Delirien und Hallucinationen. —

Ein sehr prägnantes Beispiel derartiger Auslösung negativer Vorstellungskreise durch eine periphere Neurose bot uns kürzlich die Beobachtung eines nervösen, anämischen Kindes, dessen hier gedacht werden möge. —

Beobachtung 20.

Ludwig M., 10 Jahre alt, ein schwächlicher Junge von nervösem Habitus, Sohn einer hysterischen Mutter, war durch rasches Wachsen und angestrengtes Lernen in seiner Ernährung herabgekommen und anämisch geworden. Etwa 4 Monate, ehe er sich meiner Untersuchung darbot, zeigte sich der Knabe verstimmt, ängstlich, weinte und klagte, dass ihm so abscheuliche Schimpfnamen und gemeine Gedanken in den Sinn kämen, vor deren Aussprechen er kaum sich erwehren könne. Dieser Zustand trat in der Folge täglich ein, dauerte mehrere Stunden an und war von keinen körperlichen Beschwerden ausser einem lebhaften stechenden Schmerz in der linken Brusthälfte begleitet. Kam der Schmerz wieder, so waren auch sofort die bösen Gedanken da; in den schmerzfreien Zeiten war der Knabe munter und wohl, doch machte er sich in letzter Zeit Gedanken über die bösen Ideen, und fing an sie für etwas Sündhaftes und Uebernatürliches zu halten.

Die genaue Untersuchung des Kranken ergab einen ausgesprochenen Status nervosus, grosse Anämie und gelangte zum Ausschluss von Epilepsie, überhaupt einer grossen Neurose, sowie getriebener Masturbation. Der Verlauf des 4., 8. und 9. n. intercostalis linkerseits erwies sich gegen Druck schmerzhaft und bot deutliche Schmerzpunkte. Der Kranke klagte, dass jeweils wenn die argen Gedanken kommen, ein lebhafter Schmerz in der linken Brust ihn quäle, der mit einem Gefühl, als ob der Hals zugehen wolle, sich verbinde. In der That machte auch eine forcirte Durchtastung der neuralgischen Nervenbahnen den Knaben ängstlich, weinerlich und erzeugte die Schimpfgedanken. Der Fall war somit klar. Es handelte sich um eine Dysthymia neuralgica auf Grund einer ererbten und durch Anämie verschlimmerten nervösen Constitution, bei welcher eine Intercostalneuralgie reflektorisch psychische Centren in Mitleidenschaft versetzte und einen negativen, dem kindlichen Bewusstseinsinhalt adäquaten Vorstellungskreis auslöste. Bei einem wei-

ter entwickelten Seelenleben oder Fortdauer des Krank-
heitszustands wäre es wahrscheinlich zu bestimmten negativen Vorstellungen (Zwangsvorstellungen), negativen Im-
pulsen, dämonomanischem Wahn etc. gekommen. Eine entsprechende allgemeine und örtliche Behandlung beseitigte
in wenigen Monaten die Neuralgie und mit ihr die psychischen Reflexe. Die Constitution besserte sich, der Knabe
gewann seine frühere Munterkeit wieder. —

An diese einfacheren und leichteren Fälle reihen sich
aber in quantitativer Steigerung und fortschreitender Irradiation des sensibeln Reizes auf psychische Centren Krankheitsbilder an, die sich viel ernster gestalten, und eine hohe
Bedeutung für die gerichtliche Praxis erhalten *). Das bewusstsein trübt sich, das Selbstbewusstsein erlischt, Affekte
der heftigsten Angst erheben sich, und aus ihnen oder durch
Reflex des neuralgischen Reizes auf Sinnes- und Vorstellungs-
gebiete gestalten sich einzelne adäquate Delirien und Hallucinationen negativen Inhalts, die in bestimmte negative
Triebe und Strebungen umschlagen, oder eine solche Verwirrung und Fluth von Delirien und Affekten setzen, dass
der Kranke in einem tiefen Traumzustand untergeht. —
Indem auf der Höhe des Paroxysmus auch Reflexe in motorische Centren stattfinden, und clonische und tonische
Krämpfe ausgelöst werden können, oder als allgemeine
Reaktion auf den schrecklichen traumartigen Bewusstseinsinhalt Anfälle verzweifelter Wuth und höchster motorischen

---

*) Vgl. Schüle, op. citat. p. 50. Beob. 5, in welcher mit den
Exacerbationen einer Occipitalneuralgie bei einem hereditär zu
Seelenstörung Disponirten jeweils Anfälle heftiger Mord - und Zer-
störungstriebe auftraten. S. Amelung a. a. O. (Maass, pract.
Seelenheilkde., Wien 1847 p. 267) Fall von mit einer epigastralen Neuralgie, jeweils auftretendem Trieb zum Selbstmord. Morel, du
délire émotif. Paris 1866. S. d. v. Verf. in Vierteljahrsschr. f. gerichtl. Med. 1867 H. 3. p. 59 mitgetheilten Fall von mit e. Occipitalneuralgie in Verbindung stehenden Angstzufällen und negativen Antrieben.

Aufregung auftreten können, nähert sich das Bild sehr den Anfällen von grand mal psychique der Epileptiker, den Delirien der Hysteroepileptischen, dem raptus melancholicus, und wird wohl vielfach mit ihnen verwechselt, da auf der Krankheitshöhe die Auffindung der Neuralgie schwierig ist. Den Fällen erster Ordnung dürften vielfach jene negativen Antriebe psychisch Verstimmter, jene Schaaren von Brandstiftungs- Mord- und Selbstmordmonomanen, jene Gewaltthaten aus Angstzufällen, Zwangsvorstellungen etc. entsprechen, und vielfach die innere Stimme in der Brust des Thäters, über die sich Casper a. a. O. so sehr lustig macht, nichts Anderes, als die allegorische Umdeutung oder sensorielle Irradiation einer peripheren Neuralgie sein. Wir glauben fest, dass in der Beachtung des neuralgischen Factors in der Genese vieler Psychosen ein wichtiger Schlüssel für die richtigere forensische Auffassung so vieler bisher unverständlichen Fälle von Monomanie etc. liegen mag, und halten das Angeführte für genügend, um auf die Nothwendigkeit der Untersuchung der peripheren sensibeln Functionen bei der gerichtlichen Exploration von Angeklagten zu dringen.

Die Dauer und Häufigkeit solcher neuralgischen Dysthymieen hängt von der Dauer und Häufigkeit der Exacerbation der Neuralgie und centralen Bedingungen ab; im Allgemeinen können die Anfälle von wenigen Minuten bis zu Stunden dauern. In den höheren Graden derselben erlischt das Selbstbewusstsein völlig, und fehlt damit auch die Erinnerung für das, was in die Zeit des Anfalls fiel. Ueber die forensische Beurtheilung der in solchem Anfall begangenen Handlungen dürfte das, was wir über die Epilepsie und Hysteroepilepsie anführten, auch hier gelten. Auch der Mechanismus der Handlung ist in den höheren Graden der neuralgischen Dysthymie der gleiche, während in den niederen noch eine gewisse Planmässigkeit und Besonnenheit möglich sein kann. Die Constatirung des Anfalls dürfte bei fortgesetzter Beobachtung nicht schwer sein, da er sich leicht wiederholt und die prodromalen Erscheinungen der

Neuralgie, ihre Exacerbation während des Anfalls, ihr parallel mit dem Abklingen desselben gehendes Verschwinden darauf hinweisen. Auch in der Remissionszeit zeigen sich schwache Anfälle der Neuralgie, gemüthliche Störungen, physische und psychische Prostration. —

V. Die transitorischen Psychosen.

a) Die Mania transitoria

a. mania subita, acutissima, brevis, ephemera, furor transitorius.

Literatur.

Stöller, Beob. und Erfahrungen. Gotha 1777. Beob. 5, p. 87.

Pyl, Aufsätze etc. Berlin 1791. VIII. Bd. p. 236.

Kausch, med. und chir. Erfahrungen. Leipzig 1798.

Heim, Horn's Archiv f. med. Erfahrung 1817. Bd. I. p. 73.

Wendt, Henke Zeitschr. 1827, H. 3.

Amelung, Nasse's Jahrb. f. Anthropologie. Bd. I, p. 267.

Schnitzer, Hufeland's Journal 1830. Nov.

Löwenhard, ibid. 1832. Dec.

Lichtenstädt, Hitzig's Zeitschrift 1829. Bd. II. p. 50.

Dornblüth, Horn's Archiv 1826. Juli. Aug. p. 150.

Ströfer, Siebenhaar's Magazin. Bd. II. p. 152.

Lieblein, Hohnbaum's und Jahn's, mediz. Conversat. Blatt 1832. Nr. 17.

Heermann, Heidelb. Jahrbücher der Literatur. 1835.

Rust's Magazin XIX H. 3. XXI. H. 3.

Jahn, Casper's Wochenschrift. 1834. Nr. 23.

Zeitschrift für Criminalrechtspflege im Königreich Hannover. Bd. I p. 34—64.

Henke, Lehrbuch der gerichtl. Med. §. 271.

Wolff, Henke's Zeitschrift (1828) Ergänzungsbd. p. 292.

Cazauvieilh, de la monomanie homicide. Annales d'hygiène 1836. XVI. p. 119—140.

Deutsche Zeitschrift für Staatsarzneikunde 1837; II. p. 621.

Arnheimer, med. Vereinszeitung 1837. Nr. 19.

Seidler, med. Ver. Zeitung 1838. Nr. 9. 28. Februar.

Siebenhaar, systemat. Handbuch art. Tollheit p. 667.

Marc, die Geisteskrankheiten, übersetzt von Ideler. Berlin 1843. Bd. II, p. 339, 376.

Heymann, Casper's Wochenschrift 1844. Nr. 46.

Henke, Abhandlungen Bd. V. p. 159—189.

Meyer, Henke's Zeitschrift Bd. 33.

Schnitzer, die Lehre von der Zurechnungsfähigkeit. Berlin 1840, p. 241.

Esquirol, Des maladies mentales. T. II. p. 102, 807.

Eydam, Frorieps Notizen. 1835. April. Nr. 949.

Gazette des Tribunaux 1839. 24. Février.

Scharlau, Caspers Wochenschrift 1840. Nr. 25.

Friese, ibid. Nr. 40.

Hedrich, Henke's Zeitschrift, 20. Jahrgang. Ergänzungsheft 2.

Tischendorf, Siebenhaar's Magazin. Bd. I. 1842.

Schmidt, Henke's Zeitschrift. Bd. 38.

Annales médico-psychol. 1844, p. 231.

Albert, Henke's Zeitschrift 1843. (Bd.) Bd. 46, p. 175.

Journal of psycholog. medic. 1849, p. 329.

Thorsten, med. Vereins-Zeitung in Preussen. 1844. Nr. 32.

Rolland, Journal de Toulouse. Février et Mars 1844.

Boileau de Castelneau, de la folie instantanée. In Annales d'hygiène publique 1851. XLV, p. 215—230; p. 437—450.

Toulmouche, ibid. Série III. 1854, p. 348.

Brierre de Boismont, des folies instantanées. Union médicale Sépt. 1851.

Berend, medic. Centralzeitung 1852. Nr. 1

Jacobs, Pr. Ver.-Zeitung 1853; Nr. 42.

Roth, Pr. Ver.-Zeitung 1854; Nr. 1.

Jessen, Versuch einer wissenschaftlichen Begründung der Psychol. Berlin 1855, p. 672.

Wachsmuth, Pathologie der Seele. Beob. Nr. 38.

Wendt, das Selbstbewusstsein. Breslau 1844.

Brach, gerichtliche Medicin. p. 107.

Devergie, Bulletin de l'Académie XXIV. Mars p. 566.

— — Revue de Thér. méd. 2.

Friedreich, gerichtl. Psychol. 1852, p. 515.

Klug, Auswahl med. gerichtlicher Gutachten etc. Bd. I, p. 44.

Deutsche Klinik 1856. Nr. 38.

L. Meyer, Virchow's Archiv Bd. VIII, Heft 2 und 3. 1855.

Flemming, Patholog. und Therapie der Psychosen. p. 82. 473.

Casper, Vierteljahrsschrift 1854. B. II. H. 1.

Mildner, Correspondenzblatt für Psychiatrie 1857; Nr. 17.

Ideler, Lehrbuch der gerichtlichen Psychologie. 1857. §. 59.

Friedreichs Blätter für gerichtliche Anthropologie IX. 2.

Erlenmeyer, Correspondenzblatt für Psychiatrie 1859. Nr. 8. 9. 10.

Delasiauve, Journal de médecine mentale. 1861, p. 47.

Annales médico-psychol. 1862. VIII. p. 188.

Bierbaum, Pr. Ver.-Ztg. N. F. II. 42, 43, 52 und 1862. Nr. 25.

Casper, Handbuch der gerichtlichen Medicin. Biolog. Theil p. 496.
Siehe ferner: Fall 159.

Mauthner, furor transitorius. Ungarische Ztschr. 1856. VII. 52.

Ebers, Zurechnung. Glogau 1860; p. 9.

Castelli y Pallares, Siglo med. 1864. Agosto 554.

Crichton Browne, on mania ephemera in Winslow psychol.
Journal 1863; p. 53.

Pelman, allg. Zeitschrift für Psychiatrie 1864. Bd. I; p. 86.

Löwenhardt, kritische Beleuchtung der mediz. psychol. Grund-
sätze etc. II. Aufl. Berlin 1867; p. 205—55, 271—396, 481,
560, 563, 573.

Lauder Lindsay, Edinburgh med. Journal. Nov. 1865.

Montegazza, Gazz. lombard. 1859. 23.

Leidesdorf, Lehrbuch der psychischen Krankheiten. 2. A. 1865,
p. 323.

v. Krafft-Ebing: Die Lehre von der Mania transitoria. Erlangen 1865.

Die Mania transitoria.

Ueber wenige Zustände psychischer Störung sind die
Meinungen bis auf die neueste Zeit so getheilt gewesen,
als über den Symptomencomplex, den man mit dem Namen
der transitorischen Manie bezeichnet hat, und in der That,
wenn man die nicht unbeträchtliche Casuistik der angeblichen Fälle von Mania transitoria durchgeht muss man ge-
stehen, dass manche der erhobenen Zweifel über die Existenz
einer Mania transitoria, wenigstens als selbständige psychische
Krankheitsform, im Einzelfall wohl begründet sind. Aber
wenn es richtig sein mag, dass oft Ausbrüche abnormer
Affekte, Zustände von Schlaftrunkenheit etc. mit dem Namen
einer transitorischen Manie ungerechtfertigt belegt wurden,

so stehen doch auch eine Reihe anderer Fälle, und zwar
keine unbeträchtliche, in der Literatur da, die in ihrer Pathogenese, in Aetiologie und klinischem Detail so miteinan-
der übereinstimmen und von allen ähnlichen transitorischen
Störungen des Selbstbewusstseins so sehr abweichen, dass
sie nun einmal einer phänomenalen Sonderstellung nicht
entzogen werden können. Am meisten Aehnlichkeit haben
noch die epileptische Manie und die neuralgische Dysthymie
mit dem als Mania transitoria bezeichneten Krankheitsbild,
und wir können die Annahme nicht ganz zurückweisen, dass
wenigstens in einer gewissen Anzahl der als mania transitoria bezeichneten Fälle eine epileptische Basis oder eine
neuralgische Auslösung des Paroxysmus vorhanden war.
Eine derartige Verwechslung ist übrigens verzeihlich, wenn
auch nicht ganz unvermeidlich. Es mag zwar allerdings
manchmal recht schwer sein, eine epileptische Neurose, die ja
so vielgestaltig auftreten und sich auf eine blosse vertigo oder
ganz partielle, kurz dauernde Convulsionen beschränken kann,
nicht zu übersehen, zumal wenn sie nächtlicher Weise sich
einstellen. Auf der anderen Seite wird dieser Einwand wieder entkräftet, wenn wir uns auf die Erfahrung berufen,
dass Anfälle larvirter Epilepsie nur bei der convulsivischen
Form der epileptischen Neurose vorkommen, mögen sie auch
in noch so ferner Zeit von dem Ausbruch epileptisch-mania-
kalischen Anfalls auftreten; dass der interparoxysmelle Zustand der Epileptiker ein eigenthümlicher ist, der bei mania transitoria vera durchaus sich nicht findet, und dass
auch das paroxysmelle Krankheitsbild bei psychischer Epilepsie, trotz äusserer Aehnlichkeit, Unterschiede von dem
der mania transitoria erkennen lässt. — (Geringere Verworrenheit als bei mania transitoria, durchaus depressiver Inhalt des Deliriums, weniger vollständige Amnesie, längere
Dauer des Anfalls, geringeres Hervortreten von Congestion-
erscheinungen zum Hirn, Lösung des Anfalls nicht durch
Schlaf, sondern durch einen Zustand von grosser psychischer
und physischer Prostration und gemüthlicher Reizbarkeit;

häufigere Wiederholung der Anfälle, von denen einer dem Andern bis ins Detail gleicht.) Eine grössere Schwierigkeit bietet sich uns bei dem Versuch einer Zurückweisung der Annahme, dass die angebliche mania transitoria nichts Anderes als eine neuralgische Dysthymie sei. Wir können dieser Behauptung positiv nur die Versicherung, entgegenstellen, dass wir zwei Fälle von Mania transitoria kennen und veröffentlicht haben, in denen eine aufmerksame Untersuchung keine Neuralgie entdecken konnte, negativ eine Reihe von Umständen, die die Dysthymia neuralgica von der Mania transitoria unterscheiden. — Wir rechnen dahin die differente Pathogenese (s. O.) und Aetiologie, das überwiegende Vorkommen bei Weibern, während die Mania transitoria vorzugsweise Männer befällt, die Plötzlichkeit des Ausbruches der letzteren, während die Dysthymia neuralgica deutliche prodromale Erscheinungen durch successive Irradiation der Neuralgie macht; die deutliche Störung in der interparoxysmellen Zeit, in der leichte Exacerbationen der Neuralgie, Gedrücktheit, physische und psychische Prostration, Status nervosus etc. sich constatiren lassen, den durchgängig depressiven Inhalt des Deliriums, das mehr ein systematisches typisches ist und vielfach allegorische Beziehungen auf die neuralgische Bahn erkennen lässt, die oft nur momentane Dauer des Anfalls, seine häufige Wiederkehr, die fehlende kritische Lösung durch Schlaf, wie sie der mania transitoria zukommt. Wir wollen übrigens nicht läugnen, dass diese Kriterien nicht alle stichhaltig sind, Uebergänge des Krankheitsbildes bestehen und in manchen Fällen innere Nervenbahnen den Reiz abgeben *) die unserer

---

*) Vielleicht gehören dahin die Fälle von Jördens (Hufelands Journal IV p. 224), wo kleine Glassplitter, die einem Knaben in die Fussohle gedrungen waren, einen Tobsuchtanfall hervorriefen, der mit deren Entfernung aufhörte. S. Brown-Séquard, course of lectures on the phys. und pathol. of the central nervus system. Philadelphia 1860, p. 185. Fall von »mania transitoria« eines Knaben, der sich einen Dorn in den Fuss getreten hatte, die mit

Eruirung nicht zugänglich sind und so das Bild einer Mania transitoria vortäuschen können. Indem wir diese Möglichkeit zugeben, können wir uns doch nicht entschliessen, die Existenz eines eigenen Modus psychischen Erkrankens in Form eines transitorisch-maniakalischen Anfalls aufzugeben. Wir verstehen darunter eine binnen 20 Minuten bis 6 Stunden ablaufende, plötzlich, bei vorher und nachher psychisch Gesunden eintretende und verschwindende Störung des Seelenlebens mit völliger Aufhebung des Selbstbewusstseins und der Erinnerung für die Dauer des Paroxysmus, der wieder nach dem Schema eines Wuthanfalls, (furor transitorius) oder eines acuten Deliriums mit grosser Verworrenheit, massenhaften Hallucinationen und Illusionen bei aufgehobener Apperception der realen Welt sich gestaltet und mit einem Stadium eines tiefen Schlafs abschliesst. Heftige Kopfcongestionen leiten bisweilen den Anfall ein, begleiten in der Regel seine Acme, so dass es für die Mehrzahl der beobachteten Fälle scheint, als handle es sich nur um das symptomatische Delirium einer plötzlich eingetretenen und transitorischen Hyperämie der psychischen Centren *) des Gehirns. Dieser Annahme entspricht auch die Aetiologie, denn als prädisponirende Momente für mania transitoria finden sich allenthalben solche, die eine Neigung zu fluxionären Hyperämieen des Gehirns setzen. — Plethorische Constitutionen, Leute, die durch angestrengte Arbeit, Sorgen, Ausschweifungen, Wochenbetten etc. ihre Constitution untergraben haben, während als occasionelle, ebenfalls Fluxion befördernde Einflüsse auf's Hirn in Form heftiger plötzlicher Gemüthsaffekte, Excesse in Alcohol, Einwirkung grosser

---

der Entfernung des fremden Körpers aufhörte. Rolland, Journal de Toulouse. Février et Mars 1844. Mania furibunda, die nach dem Abgang von Spulwürmern sofort cessirt. —

*) Wohl die Rindenschichte des Grosshirns nach pathologisch-anatomischen Erfahrungen beim delirium acutum. —

Hitze *), Kohlendunst **) in erster Linie stehen. Eine vorwiegende Disposition dazu zeigen Männer, auffallender Weise junge Soldaten ***). —

Ein solcher Anfall zeigt sich meist ganz isolirt, meist nur ein Mal im Leben, selten sind Recidive. Der Inhalt des Deliriums bei Mania transitoria, soweit er aus dem Gebahren, den Reden, der Mimik des Kranken erschlossen werden kann, ist vorwiegend ein depressiver, schreckhafter, doch kommen auch Krankheitsbilder vor, in denen mehr eine maniakalische Stimmungslage, Ideenflucht, grosse motorische Erregung in Gestalt eines maasslosen Bewegungsdrangs vorhanden ist. Man könnte darnach 2 Gruppen bilden und eine Melancholia †) und Mania transitoria aufstellen. Wir lassen im Folgenden einige prägnante Beispiele aus der uns zu Gebot stehenden Literatur folgen.

Beobachtung 21.
Mania transitoria als Wuthanfall ††).

H., 34jähriger Bürger, erlitt in einem Gasthof Abends eine eclatante Beleidigung, für die er sich nicht sofort Genugthuung verschaffen konnte. In seinem Zorn geht er

---

*) Fall nach Insolation. Gazette des Tribunaux 1839. 24 Février. — (Marc-Ideler Bd. II, p. 376.

**) Casper Hdb. Biol. Th. Fall 159.

***) S. meine Schrift über Mania transitoria. Erlangen 1865. Beob. 1 und 2. Seidler, med. Ztg. 1838; Nr. 9, 25. Februar; Zeitschrift für Civil- und Kriminalrechtspflege im Königreich Hannover. Bd. I, Hannover 1827; p. 34—64.

†) S. Erlenmeyer, Melancholia transitoria. Correspondenzblatt für Psychiatrie 1859, Nr. 8, 9, 10.

††) Weitere Fälle s. Lieblein, med. Conv. Blatt 1832, Nr. 17. Lichtenstädt, Hitzig's Zeitschr. 1829, II. Bd. p. 150. Löwenhard, Hufeland's Journal 1832, Dec. p. 92. Beob. 1, 2, 4. Albert, Henke's Ztschrft. 1843, II. Bd. 4G, p. 175. Crichthon-Brown in Winslow's psychol. Journal, 1863; Januar. Friese, pr. Ver.-Ztg. 1845. Nr. 40. —

heim, legt sich zu Bett. Nach 2 Stunden weckt ihn sein schreiendes Kind. Er erwacht aufgeregt, ballt die Faust, knirscht mit den Zähnen, brüllt vor Wuth. Nach einer halben Stunde findet ihn der herbeigeholte Arzt mit stierem Blick, weiter, kaum reagirender Pupille. Er kennt Niemand, brüllt und muss im Bett gehalten werden. Später stösst er Drohungen mit Bezug auf die ihm widerfahrene Beleidigung aus. Auf ein starkes Emeticum erfolgt nach einer Stunde tiefer Schlaf, aus dem Patient Vormittags abgespannt, aber geistig frei und mit völliger Amnesie fürs Vorgefallene erwacht. (Hedrich, Henke's Ztschr. 28 Ergzgh. 1840, p. 7.

Beobachtung 22.

Ein 40 Jahr alter Zimmermann bekam, nach einer schmerzhaften Verletzung am Ellenbogen, und als Vorläufer eines acuten Nesselfriesels, einen Anfall von Mania transitoria. Er sprang plötzlich auf, schlug nach Frau und Sohn, griff nach einem Messer, wollte sich vertheidigen, bedrohte gefährlich die Umgebung. Er wurde nach einer Viertelstunde mit Mühe beruhigt, fiel in einen tiefen Schlaf, aus dem er nach mehreren Stunden erwachte, ohne sich der vorausgegangenen Scene zu erinnern. (Ströfer, Siebenhaar's Magazin Bd. II, p. 152. Hesse, nächtliches Aufschrecken etc. p. 128.

Beobachtung 23.

C. S., Corporal, bisher ein solider, stiller, ruhiger Mensch war mit vier Soldaten zur Visitation der Wirthshäuser commandirt worden. In einem derselben ward ihm mit Grog und Rum aufgewartet. Es erhob sich ein Wortwechsel und Streit unter den Gästen. S. fordert seine Mannschaft auf sich ruhig zu verhalten, und geht ins Nebenzimmer um den Streit zu schlichten. Ueber seinen Bemühungen die Streitenden zu trennen geräth er in solche Aufregung, dass er um sich schlägt und stösst. Der Gastwirth will ihn beruhigen; nun ruft er aber seine Soldaten, stösst und sticht

6 *

um sich wie wüthend, ersticht einen Schneidergesellen, verwundet einen Andern und wird mit Mühe von seinen Soldaten gebändigt. Verhaftet und entwaffnet wird er blass und lässt sich ruhig auf die Wache führen. Dort schläft er einige Stunden ruhig und erwacht dann ganz besonnen, aber mit völliger Amnesie für den zwischen dem Augenblick, wo er ins Handgemeng gerieth und dem seiner Verhaftung liegenden Zeitabschnitt. Die vom Vertheidiger geltend gemachte transitorische Geistesstörung wird nicht anerkannt, die Behauptung des Inculpaten, dass er sich an Nichts erinnern könne, für eine Ausflucht gehalten, und er von der Göttinger Juristenfacultät zu 5 jähriger Festungsstrafarbeit verurtheilt. — (Zeitschr. für Civil- und Criminalrechtspflege im Königreich Hannover. Bd. 1, 1827; p. 34—64.

Beobachtung 24.
Mania transitoria mit depressivem Delirium *).
(Melancholia transitoria).

Eine 21 jährige, kräftige Frau, die sich Abends noch ganz wohl befand, und mit ihrem Säugling zu Bett legte, stand gegen Mitternacht auf, eilte unangekleidet zur Thüre und erwiderte ihrem Manne mit greller Stimme, sie wolle mit einem Juden nichts mehr zu thun haben. Mit Mühe brachte der Mann sie ins Bett, wobei sie heftig auf ihn schalt. Der Blick war unstät, keine Zeichen von Congestion vorhanden, der Puls war hart, beschleunigt, die Temperatur nur mässig erhöht. Sie liebkoste ihr Kind mit Heftigkeit, verbarg sich jammernd unter der Bettdecke, schluchzte stark und weinte und empfing ihren Ehemann, so oft er sich ihr näherte mit einer Fluth von Schmähreden. Ausser einem unbedeutenden Zwist mit ihrem Mann am Morgen vorher war nichts Besonderes vorgegangen. Auf gran 6 tart. emet. wurde sie ruhiger, erbrach mehrmals, fiel in

---

*) Weitere Fälle s. Löwenhard, Hufeland's Journal 1832. Dec. Beob. 3. Jahn, Casper's Wochenschr. 1834. Nr. 23.

Schlaf, aus dem sie nach 3 Stunden ganz gesund erwachte und die ganze Nacht ruhig geschlafen zu haben vermeinte. In den folgenden 5 Jahren hat sie nie wieder einen ähnlichen Zufall erlitten. (Froriep's Notizen 1835. April.)

Beobachtung 25.
Mania transitoria *).

Musketier R., 20 Jahr alt, ward Morgens den 16. Jan. 1857 von heftigem Kopfschmerz und Abgeschlagenheit der Glieder befallen. Der Puls normal, Sensorium ungetrübt. Nach einigen Stunden Schlaf erwachte er plötzlich, stiess augenblicklich Drohungen gegen die ihn umgebenden Kranken aus und wollte, um sie zu schlagen, aus dem Bette springen. Sein Gesicht transpirirte sehr, die Augen waren roth und glänzend, Puls etwas frequent und gespannt. Der Kranke speichelte stark, spie Jeden, der sich ihm näherte unter Vociferationen und Verwünschungen an und versuchte Thätlichkeiten, so dass man ihn binden musste. Er schimpfte, weinte, sang obscoene Lieder, weinte über sein und seiner Mutter Unglück, das traurige Schicksal seiner Kinder, die er gar nicht hatte. Von Zeit zu Zeit Zähneknirschen und Bohren des Kopfs in die Kissen. Ordin. Aderlass von 14 ʒ; kalte Umschläge auf den Kopf, Essigklystier etc. Schon während das Blut floss ward der Kranke ruhiger, verfiel nach einer Stunde in Schlaf, aus dem er nach 3 Stunden mit vollkommen klarem Bewusstsein, jedoch ohne Rückerinnerung an das Vorgefallene erwachte. R. blieb auch ferner gesund, hat nie vorher an ähnlichen Zufällen gelitten, wohl aber zur Zeit der Sommerhitze und nach Echauffements häufig Kopfschmerz und Nasenbluten gehabt. Diesmal ward die so deutlich zum Ausdruck gelangende Hirncongestion wahrscheinlich durch reichlichen Genuss von Spiri-

---

*) Weitere Fälle s. Boileau de Castelneau, Annal. d'hygiène 1851. XLV p. 223. Crichthon-Browne, psychol. Journal. Jan. 1863. Schmidt, Henke's Zeitschr. 1839. I. H. 3; p. 209.

tuosen auf der Wache, welche Patient am Tage seiner Erkrankung bezog, hervorgerufen. —

(Seidler, medic. Zeitung 1838; Nr. 9. 28. Februar.)

Beobachtung 26 *).

August W., geb. im August 1847, aus einer Familie in der weder Geistesstörungen noch Epilepsie vorkamen, geboren von einer Mutter, die viel an Kopfweh leidet, im Uebrigen aber ganz gesund ist, war in seiner Jugend gesund und kräftig gewesen, hatte das Schmiedehandwerk erlernt und, ausser häufigem Kopfweh, bis zu seinem 16. Lebensjahr keine Krankheitserscheinungen dargeboten.

Er arbeitete damals in einer Fabrik, wo er viel mit dem Schüren der Essen zu thun hatte und vielfach hohen Temperaturen ausgesetzt war. Eines Tages verspürte er nach dem Genuss von Birnen ein starkes Drücken auf dem Magen, es wurde ihm übel und schwindlig, er verlor das Bewusstsein, gerieth in einen heftigen Aufregungszustand, schlug um sich, sodass er von mehreren Männern gehalten werden musste, kam nach einer Viertelstunde mit dem Gefühl heftigen Schwindels und grosser Ermattung wieder zu sich ohne Bewusstsein vom Vorgefallenen zu haben, schlief bald darauf ein und erwachte nach einiger Zeit mit dem Gefühl völligem körperlichen und geistigen Wohlseins.

Am 25. Nov. 1867 wurde er Soldat. Er befand sich während seiner Dienstzeit körperlich wohl und besorgte seine Geschäfte zur Zufriedenheit.

Am 8. Mai 1868 nachdem er schon unter Tags etwas Kopfweh verspürt und angestrengt exercirt hatte, erkrankte er nach Genuss von 2 Schoppen kalten Biers plötzlich an Manie. Er hatte sich um 9 Uhr zu Bett begeben. Um 11 Uhr fing er an zu schreien und zu toben, schlug um sich

---

*) Von meinem Collegen Hrn. Dr. Reich in Illenau, der den Kranken in der Anstalt behandelte, freundlichst zur Verfügung gestellt.

mit Armen und Beinen und machte Versuche zu beissen. Der Mund war geöffnet, kein Schaum vor demselben, die Augen nach oben gerollt, der Nacken contrahirt, Puls 88. Respiration beschleunigt, Temperatur erhöht. Zwangsjacke, Sturzbäder, kalte Umschläge. Nach einer Stunde trat Schlaf ein, der von 1 Uhr bis Morgens währte und aus dem Patient ermattet aber psychisch ganz frei und ohne alles Bewusstsein fürs Vorgefallene erwachte.

In den folgenden Tagen traten noch einige leichtere Anfälle mit ganz freien Zwischenräumen auf, denen am 18. ein heftiger 25 Minuten dauernder in gleicher Weise wie der oben beschriebene Anfall verlaufender folgte. In der Nacht vom 18/19. schlief Patient ruhig, am Morgen des 19. trat wieder ein heftiger Paroxysmus ein und Nachmittags ein leichterer, welcher nur 10 Minuten dauerte. In der freien Zeit fühlte er sich matt und abgespannt, aber sonst wohl.

Dem Anfall am 19. Morgens war Kopfweh und Schwindel voraus gegangen, er hatte dann zitternde und zuckende Bewegungen in den Extremitäten bekommen, schnappende Bewegungen mit dem Mund gemacht, die Umgebung zu beissen und zu packen versucht. Die Augen waren geschlossen, der Mund offen, das Athmen beschleunigt, der Kopf nach hinten gezogen, das Bewusstsein erloschen. Auch diesmal Beendigung durch Schlaf mit völliger Amnesie fürs Vorgefallene. Am 20. Mai wurde Patient der Irrenanstalt übergeben. Die Untersuchung des kräftig gebauten Mannes ergab keine Abnormitäten. Ausser zeitweise, unter congestiver Hyperämie des Kopfs, (erhöhte Wärme, starke Injection der Conjunctiva, Glänzen und Thränen der Augen, verstärktem Carotidenschlag) eintretender psychischer Verstimmung, die sich in gedrückter, weinerlicher Stimmung, Nahrungsscheu und Heimweh äusserte, wurden keine abnormen Erscheinungen beobachtet, sodass Patient am 9. Juli 1868 nach Hause entlassen werden konnte.

Es bedarf wohl keiner weiteren Auseinandersetzung, warum bei der grossen Bewusstseinsstörung, dem vorher-

schend negativen Inhalt des Deliriums und der bis zur Wuth
gesteigerten motorischen Erregung während des Anfalls
von Mania transitoria schwere Gewaltthaten so leicht von
Kranken begangen werden können, die ihn zum Gegenstand
gerichtlicher Verfolgung machen, und sein Leben und seine
Freiheit in Gefahr bringen können. Dass eine im sicher
constatirten Anfall transitorischer Manie begangene Rechts-
verletzung nicht zugerechnet werden kann, braucht wohl
nicht nachgewiesen zu werden; ebenso wenig dürfte das
Vorkommen solcher transitorischen Manie in Zweifel gezogen werden. Die Schwierigkeit besteht nur darin, wie der
subjective Thatbestand erhoben werden, der unfreie Zustand
zur Zeit der That festgestellt werden soll? Diese Aufgabe
kann leicht sein, wenn der Anfall angeblicher Mania transitoria vor Zeugen stattfand, denn eine Simulation eines
transitorisch-maniakalischen Paroxysmus ist nicht möglich,
und auch noch nicht versucht worden; schwer, vielleicht
ganz unmöglich zu lösen ist sie, wo die That ohne Zeugen
stattfand, die transitorische Seelenstörung plötzlich auftrat
und verschwand, gleich einer trüben Wolke am klarem Him-
mel, wo das Vorleben des Thäters nicht so beschaffen ist,
dass sie im schreiendsten Gegensatz mit seinem bisherigen
Charakter, Leben und Handeln steht, man im Gegentheil
einer solchen Handlung sich von ihm versehen konnte. —
Solche Fälle dürften höchst selten sein; für ihre Beurtheilung empfehlen sich nachstehende Kriterien:

1) Die sorgfältige Ermittlung der prädisponirenden und
occasionellen Ursachen, die, wenn auch noch nicht mit wün-
schenswerther Klarheit für die Mania transitora festgestellt,
doch von Bedeutung werden können, z. B. wenn die Anamnese erweist, dass der Thäter an Kopfcongestionen litt, die
bis zur Aufhebung des Bewusstseins sich erstreckten, Umstände der That vorausgingen, welche solche besonders be-
günstigten (Hitze, Alcohol, Affekte) und vielleicht Symptome
beginnender Hirncongestion an ihm vor dem Anfall bemerkt
wurden. Die Untersuchung ist hier viel schwieriger als bei

Mania epileptica, hysterica etc., bei welchen Prodrome und consecutive Erscheinungen immer um dem Anfall sich gruppiren, dieser nicht isolirt dasteht, sondern sich häufiger wiederholt und der psychische Zustand in der interparoxysmellen Zeit Anhaltspunkte gewährt.

2) Die äusseren Umstände der That selbst und der Mechanismus derselben. Die völlige Aufhebung des Selbstbewusstseins, sein Untergang in einem tiefen Traumzustand bei Mania transitoria schliesst jedes planmässige besonnene Handeln aus, und macht es zu einem zwangsmässigen, automatischen, sit venia verbo! Dem entspricht auch der erfahrungsgemässe Charakter der That bei Mania transitoria, die, eine Aeusserung reinen Bewegungsdrangs, motorischer Reflex von Angstgefühlen oder Ausfluss traumartiger Delirien und Sinnestäuschungen, weder Rücksicht auf Zeit, Ort, Mittel, Zeugen nimmt, rücksichtslos, ohne Motiv, geräuschvoll, wuthartig bis zur Vernichtung des Gegenstands ausgeführt wird. Dem entsprechend weist die Casuistik auch nur Gewalthaten (Mord, Selbstmord), nicht Eigenthumsverbrechen auf.

3) Ganz besonders aber ist es das Verhalten des Thäters nach der That, das ans der vollständigen Amnesie für diese und dem die Scene regelmässig beschliessenden Schlaf sich ergiebt. So kann es vorkommen, dass derselbe noch schlafend in der Nähe des Schauplatzes seiner Gewaltthat gefunden wird. Seine Amnesie lässt ihn unbefangen, furchtlos wegen der Folgen; er entflieht nicht, trifft keine Anstalten zur Verwischung der Spuren seiner That, er läugnet sie mit Ruhe, weil er von ihr nichts weiss. Von grossem Werth gegenüber der Möglichkeit eines verbrecherisch vorgeschützten Anfalls von Mania transitoria ist die sorgfältige Erhebung, wie weit zeitlich und qualitativ die Amnesie reicht. Für den, welcher wirklich an Mania transitoria litt, bildet die Zeit, welche sein Anfall einnahm, eine völlige Lücke in seinem Leben; sie ist wie mit einem Messer aus seinem Bewusstsein geschnitten und zeitlich scharf begränzt

der Simulant wird ebenfalls behaupten, sich an Nichts zu erinnern, aber er wird unmöglich wissen, wo er seine Erinnerung aufhören und wieder anfangen lassen soll; er wird Erlebnisse läugnen, die als in einen längeren oder kürzeren Zeitraum vor oder nach seinem fraglichen Anfall fallend constatirt werden, er wird unwesentliche Thatsachen aus der Zeit desselben kennen, während er von anderen ihn gravirenden nichts zu wissen vorgibt; er wird in der Beantwortung der ihm darüber vorgelegten Fragen sich zögernd und unsicher zeigen, und vergebens die Ruhe und Unwissenheit heucheln wollen, die nur Der besitzt, welcher seine That in unbewusstem, der Erinnerung an sie völlig beraubten Zustande begangen hat.

4) Wenig stichhaltig wie überall, aber doch von Werth, weil sie wenigstens für den Richter Indicien enthalten die Hilfe des Gerichtsarztes zu requiriren, sind die psychologischen Kriterien der That, ihre Motivlosigkeit, ihr Contrast mit dem bisherigen Charakter des Angeschuldigten u. A. m., da ebenso gut einen rechtlichen Bürger, als einen notorischen Gauner eine Mania transitoria befallen kann. Im ersteren Fall erhöhen sie natürlich die Wahrscheinlichkeit eines unfreien Zustandes zur Zeit der That, ohne im Geringsten an und für sich etwas für oder gegen den subjectiven Thatbestand zu beweisen. —

VI. Die Zustände des raptus melancholicus.

Literatur.

Friedreich, gerichtl. Psychol. p. 596.

Esquirol übs. v. Bluff p. 26.

Marc-Ideler, Bd. I. Beob. 38, 39.

Friedreich, Magazin f. Seelenkde. H. 1. p. 41.

Henke, Abhdl. Bd. V p. 289.

Henke's Zeitschr. Ergzgsh. 8. p. 187; ibid. Ergzgsh. 20. ibid. XIV p. 134.

Flemming, Allg. Zeitschr. f. Psych. 1848 p. 341.

Richarz, ibid. Bd. XV. p. 28 u. ff.

Spielmann, Diagnostik p. 135 –142; 406—410, 412, 422, s. eben
da Mord im Angstanfall p. 414 und 417.

Flemming, Pathol. und Therap. d. Psychos. p. 68, 118, 379.

Griesinger, Lehrb. II. Aufl. p. 230, 262, 267.

Erlenmeyer, Melanchol. transit. Correspondenzbl. f. Psych. u.
ger. Psychol. 1859. Nr. 8, 9, 10.

Bonnet de la folie transitorie homicide, Annal. méd. psychol.
1862. Avril.

Griesinger, Archiv d. Heilkde IV. 5. p. 460.

v. Krafft, Beiträge zur Erkennung krankhafter Gemüthszustde.
1867. p. 52.

Pölchau, gerichtsärztl. Gutachten. Riga 1868. Fall 46. (Kindermord im rapt. melanch.

Die Zustände des Raptus melancholicus.

Unter die Zustände psychischer Störung, welche eine
transitorische Störung des Selbstbewusstseins mit sich bringen können, gehören auch die Fälle, in welchen ein Zustand der heftigsten, allen übrigen Bewusstseinsinhalt ver-
drängenden Seelenangst sich erhebt. Man hat diese Zustände,
deren forensische Wichtigkeit schon früh erkannt wurde,
unter der Bezeichnung des raptus melancholicus zusammengefasst, wohl auch als eine besondere Form psychischer
Störung angesehen und wahrscheinlich ihrem Wesen nach
ganz differente, nur äusserlich und phänomenologisch zu-
sammenstimmende Krankheitsbilder unter dieser Bezeichnung
vereinigt. So wenig das Vorkommen solcher Anfälle plötzlich auftretender heftigster Seelenangst mit Schwinden des
Bewusstseins bis zu temporärer Unterdrückung des Selbstbewusstseins geläugnet werden kann, so unwahrscheinlich
ist es für die meisten concreten Fälle, dass die psychische
Störung sich auf einen oder wiederholte Anfälle einer solchen transitorischen Angst beschränke, und sich so als eine
eigene Form psychischer Störung kundgebe. Die Pathogenese und Aetiologie der zur Beobachtung gelangten Fälle
lehrt im Gegentheil, dass solche transitorische Angstzufälle
durchweg nur vorübergehende Entäusserungen anderweitiger

psychisch - körperlicher Krankheitszustände sind, und für
die wenigen, wo dieser Nachweis nicht gelingt, bleibt es
immerhin wahrscheinlich, dass die zu Grunde liegende Neurose übersehen wurde, oder der Beobachtung nicht zugänglich war. So sehen wir am häufigsten heftige Angstzufälle
nach dem Schema des raptus melancholicus im Verlauf
jener zahlreichen psychischen Depressionszustände, welche
Geistesstörungen überhaupt, besonders Melancholie einleiten,
auftreten, hier meist geweckt durch abrupt auftretende Hallucinationen, negative Apperceptionen, plötzlich das Bewusstsein überfallende ängstliche Vorstellungen, vor Allem aber
durch plötzlich aufblitzende Neuralgieen, die dann sofort
eine Gemeingefühlsänderung im Sinne quälender Angstgefühle, (die dann meist wieder nach dem locus dolens neu-
ralgicus bezogen werden), setzen, oder diese secundär durch
Anregung von schreckhaften Hallucinationen und Vorstellungen hervorrufen. Meist ist das epigastrium dann der locus dolens, zugleich der Sitz der Angstempfindungen —
Präcordialangst, und Cardialgie oder Intercostalneuralgie
vorhanden, die sie auslösen. Es ist viel entsprechender so
enstandene Angstanfälle als neuralgische transitorische Dysthymieen aufzufassen. Ein ähnliches Verhältniss bieten die
Angstzufälle bei Hypochondern, bei Individuen, deren Nervensystem in der Weise eines Status nervosus, einer reizbaren Schwäche erkrankt ist *). —

Weiter sind es gewisse Neurosen (Epilepsie, Hysterie)
bei denen solche Angstzufälle nicht selten beobachtet werden. Auch hier sind sie öfters durch periphere neuralgische
Affektionen ausgelöst z. B. durch Myodynieen bei Hysterischen. Bei Epileptischen können sie convulsive Anfälle einleiten, und lassen sich dann als psychische, dem Anfall vorausgehende Aura betrachten, oder sie vertreten auch die

---

*) Auf der Häufigkeit solcher nervösen Störungen während der
Gravidität, Geburt, Lactation, Menstruation scheint das in diesen
Zuständen zuweilen beobachtete Vorkommen von rapt. mel. zu be-
ruhen.

Stelle eines solchen. Auch die verschiedenen organischen und nervösen Störungen, welche der chronische Alcoholbrauch herbeiführt, begünstigen das Auftreten von raptus melancholicus. So finden sie sich im Verlauf der Anfälle von Delirium tremens, dem Symptomencomplex des Alcoholismus chronicus. Es muss fernerer Erforschung überlassen werden, ob sie hier eine neuralgische Auslösung haben oder nicht der Ausdruck einer toxischen Infection des Bluts, oder der in Folge der durch den Alcohol gesetzten Congestionen und Veränderungen im Gehirn, der Circulationsstörungen, welche durch Emphysem und fettige Degeneration des Herzmuskels bedingt werden, sind. Auch durch Rauchen starker Cigarren scheinen in manchen Fällen Anfälle von raptus melancholicus erzeugt werden zu können. In weiterer Linie sind es Momente, welche zu Kopfcongestionen Veranlassung geben *), oder die Circulation im kleinen Kreislauf behindern **), die zur Entstehung von raptus melancholicus führen können. Endlich plötzliche und bedeutende Blutverluste und dadurch gesetzte Gehirnanämie, und gewisse Neurosen des Vagus und Sympathicus (Cardialgie, Angina pectoris, neuralgia plexus solaris), die aber wohl immer nur bei besonderen, vorzüglich hereditären psycho- und neuropathischen Dispositionen Anfälle heftigerer Angst bis zu Schwinden des Selbstbewusstseins auslösen dürften.

In der Regel verläuft der raptus melancholicus, welche nun auch seine Entstehung gewesen sein mag, unter dem Bild des Affekts heftigster Seelenangst, die alles Uebrige aus dem Bewusstsein verdrängt und Selbst- und Weltbewusstsein vorübergehend verdunkelt hat; in manchen Fällen projicirt sich die Gemeingefühlneurose in einzelnen concreten Wahnvorstellungen und Sinnesdelirien, die natürlich von

---

*) Suppressio mensium, Insufficienz der Aortaklappen, Obstipation.

**) Klappenfehler der mitralis, Fettherz, Emphysem.

dem negativen Bewusstseinsinhalt eine entsprechende Färbung erhalten, meist im Sinne eines dämonomanischen oder
Verfolgungswahn's. —

Was die Angstanfälle besonders auszeichnet und ihnen
gerichtliche Bedeutung verleiht, ist der mächtige Zwang,
mit dem der schreckliche Bewusstseinsinhalt nach Entäusserung strebt, zwangsmässig nach Aussen entladen werden
muss. Damit sind nun die Bedingungen zur Entstehung
der schwersten Gewaltthaten gegeben, deren nähere psychologische Motivirung entweder einfach in dem dunkeln Drang
der schrecklichen Gefühlsbelästigung ledig zu werden, an
die Stelle der fürchterlichen Leere und Oede überhaupt nur
etwas Anderes, gleichviel Was zu setzen, gesucht werden
muss, oder die fürchterliche Seelenangst und dadurch gesetzte Stagnation und Oede im Bewusstsein projicirt sich in der
unerträglichen Vorstellung eigener oder allgemeiner Nicht-
existenz, oder es treten durch Reflex auf sensorische und
Vorstellungscentren Sinnestäuschungen und Delirien von
exquisit negativem Inhalt ins Traumbewusstsein. Je nachdem sich speciell der Bewusstseinsinhalt in diesen Zuständen gestaltet, hat die aus jenem hervorgehende Handlung
(fast ausschliesslich schwere Gewaltthaten gegen Personen
und Gegenstände und Selbstmord) bald den Charakter einer
blossen psychischen Reflexaction, bald den einer aus tiefem
Traumzustand entspringenden That. Daraus ergeben sich gewisse wichtige Anhaltspunkte für die forensische Beurtheilung dieser, ein gewisser specifischer Mechanismus des Handelns. — Der raptus melancholicus schiesst jedes präme-
ditirte Handeln aus. Seine Thaten sind quasi convulsivische
Entladungen unerträglicher Bewusstseinszustände, Handlungen des Augenblicks, ohne Wahl der Mittel, ohne Berech-
nung der Zeit oder des Orts. Ebenso wenig sind sie äusserlich motivirt oder gar aus vernünftigen Motiven hervorge-
gangen, denn sie sind ja nur zwangsmässige Entäusserungen
unerträglich gewordener Bewusstseinszustände. Die Thaten
des rapt. melanch. sind immer negative: Mord, Verstümme-

lung, Zerstörung, Selbstmord. Da sie die motorischen Reflexe grässlicher Empfindungen sind und dem schrecklichen Fühlen ein entsprechendes Handeln zukommen muss, sind sie meist mit einer bemerkenswerthen anscheinenden Grausamkeit, Rücksichtslosigkeit, weit über jegliches Ziel hinaus schiessenden Anstrengung in's Werk gesetzt. Ebenso fehlt ihnen nicht ein gewisser Eclat; denn die stürmische Entladung des Bewusstseinzustandes vollzieht sich geräuschvoll. Bemerkenswerth ist auch das Verhalten nach der That. Ist dem Kranken die Entäusserung seiner unerträglichen Spannungszustände gelungen, gleichviel durch welche noch so grässliche Handlung, so fühlt er sich frei, erleichtert und kann in diesem relativ behaglichen Zustand verharren, wenn er nicht weiss, was er gethan, oder der Gegenstand, den seine Entladung traf, ein unbedeutendes Ding war. Kommt ihm aber die Erinnerung an seine Handlung und ist sie eine schwere Gewaltthat, so schreitet er sofort zum Selbstmord, oder zeigt sich selbst vor Gericht an, und verräth bittere Reue und Verzweiflung. Aber charakteristisch ist auch in solchen Fällen, dass zwischen That und Reflexion über dieselbe ein längerer oder kürzerer Zeitraum liegt, in dem der Betreffende, erleichtert von seiner schrecklichen Angst sich fühlte, und demgemäss trotz allem Unglück, dass er angerichtet haben mag, behaglich, ruhig, selbst heiter sich befunden hat. Der Grad der Rückerinnerung an die Zeit des Anfalls geht ziemlich parallel dem Grad, bis zu welchem das Selbstbewusstsein getrübt oder verdrängt war, und hängt demgemäss wieder von der Höhe des Angstaffekts ab. In den heftigsten Anfällen des rapt. melancholicus kann das Selbstbewusstsein ganz verschwunden gewesen sein, und dem entsprechend, völlige Amnesie für jenen bestehen. (S. den Fall von Mende, Henke's Zeitschrift 1821 *); in den häufigeren und mässigeren Anfällen des rapt. melanchol.

---

*) Man könnte solche Anfälle als Analoga der Mania transitoria auffassen und als Melancholia transitoria bezeichnen. S. oben das über Mania transitoria Gesagte. —

wird sich wenigstens eine summarische, traumartige Erinnerung für das im Anfall Erlebte finden. — Es liegt nach
dem im Verlauf dieser Schrift über die semiotische Bedeutung der Amnesie Vorgetragenen auf der Hand, wie wichtig
die Berücksichtigung dieser Erscheinung für die Beurtheilung derartiger Zustände sein kann. Ueber die völlige Un-
zurechnungsfähigkeit für das im rapt. melanch. Vorgefallenen kann kein Streit und kein Zweifel stattfinden. Der subjective Thatbestand ist annähernd der gleiche iu psychologischer Hinsicht wie der im Anfall einer Mania transitoria. Wichtiger ist die Constatirung eines wirklich vorhanden gewesenen raptus. Auch hier scheint die Aufgabe nicht so schwer, jedenfalls viel leichter, als bei
Mania transitoria, deren ätiologische Momente weniger aufgeklärt sind, als die des raptus. Ausser dem im Vorher-
gehenden über den Mechanismus des Handelns in solchem
Zustand Angeführten, ausser der Unmotivirtheit, Rücksichtslosigkeit, Planlosigkeit der Handlung und der Dysmnesie
oder Amnesie für dieselbe, ist es die Berücksichtigung der
—, s. O. —, angeführten ätiologischen Momente — der allgemeinen Neurosen, der beginnenden Psychosen und ihrer
Symptome, des Alcoholismus chronicus etc., die als prädisponirende, der Cessatio mensium, Alcoholexcesse, Kopfcongestionen, Gemüthsbewegungen etc., die als occasionelle
Momente hier berücksichtigt werden müssen. Nicht selten
leiten auch Prodromi den raptus ein: gedrückte Gemüths-
stimmung, Reizbarkeit, leichtere Anfälle von Angst, motorische und psychische Unruhe, Aengstlichkeit, Klagen über
Druck im Epigastrium, Schmerzen daselbst oder im Kopf,
Schwindel. Um so weniger dürfte man genöthigt sein, die
Expertise bloss auf die etwaigen paroxysmellen Symptome
beschränken zu müssen, als in der Regel eine allgemeine
Neurose dem rapt. melanch. zu Grunde liegt, und dieser
nur eine plötzliche Exacerbation einer solchen zu sein pflegt.
Zudem wiederholen sich solche Anfälle häufig, und gelingt
es der Anamnese nicht selten, früher dagewesene nachzu-

weisen. — Vollends gar keine Schwierigkeit kann da bestehen, wo der Anfall vor Zeugen in Scene trat. Die Möglichkeit einer Simulation eines solchen müssen wir bezweifeln. Immer gehen dem Affekt der höchsten Seelenangst körperliche Störungen parallel, (Verzerrung der Gesichtszüge, starrer Blick, Zittern bis zu convulsivischen Bewegungen, Herzklopfen, kleiner frequenter Puls, Erschwerung der Respiration, Angstschweiss etc.) deren Inscenirung wohl versucht, aber nie mit Erfolg, selbst vom abgefeimtesten Simulanten, durchgeführt werden dürften. —

Beobachtung 26.

M. S., ein wohlhabender, gebildeter Mann, früher gesund, (ein entfernter Verwandter, väterlicher Seits, soll geistesgestört gewesen sein) erkrankte 1823 an Beängstigungen, Congestionen, Stockungen im Unterleib und trüber Stimmung. Eines Tags wurde S. plötzlich von einem Wuthanfall ergriffen, packte seinen 4jährigen Sohn und zerschmetterte ihm den Schädel an einem grossen Eckstein im Hof. Der That folgte bittere Reue; er konnte nicht begreifen, warum er sie begangen, und sah sie für eine schwere Schickung Gottes an. S. hatte seit längerer Zeit an Wallungen zum Kopf und an hartnäckiger Stuhlverstopfung gelitten. Unter einer diese Momente berücksichtigenden Pflege einer Irrenanstalt, kehrte der Anfall nicht wieder, und S. konnte nach einiger Zeit wieder entlassen werden.

(Henke's Zeitschr. 1840. H. 1. p. 76.)

Beobachtung 27.

Ein 31 Jahr alter, geistesbeschränkter Mensch erschrak heftig vor 3 Jahren durch eine Pulverexplosion. Nach 3 Wochen im Schlaf Anfall von Alpdrücken mit einer schrecklichen Vision, die in der Folge öfters wiederkehrte. Im Verlauf, nach Gemüthsbewegungen oder Spirituosengenuss oder ganz spontan, Anfälle heftiger präcordialer Angst mit einem Gefühl heftiger Oppression, die bis zum Hals aufsteigt. Darauf wird er vor Schreck rasend, kommt ganz von Sinnen, bekommt heftige Kopfcongestionen, fängt an Alles zu zerschlagen, stürzt sich blind auf die Umgebung und kommt nach einiger Zeit ohne Erinnerung an das Vorgefallene zum Bewusstsein. Die Anfälle wiederholen sich atypisch, mehrmals jährlich, und dauern $^1/_4$ bis $^1/_2$ Stunde. Einmal machte er beim Eintritt in ein Zimmer, wo sich sein Bruder mit mehreren Anderen befand, einen gefährlichen Angriff auf diesen. Nach dem Anfall konnte er seine Zerstörungswuth nicht begreifen und bat ihn und Andere vor Schaden zu bewahren. Er litt an einer Schädelabnormität und an Aortenklappeninsufficienz mit Stenose.

(Mildner, Correspondenzblatt für Psychiatrie 1857; Nr. 17.)

VI. Pathologischer Affekt und Sinnesverwirrung.

Literatur:

Pyl, Aufsätze VII. 241.

Platner, de excandescentia furibunda. Progr. IX. edit. Hedrich. p. 112.

Nasse, Zeitschr. für Anthropologie. 1823. Bd. I, p. 369.

Henke, Lehrbuch. 8. Aufl. §. 274 und 275.

Friedreich, Lehrbuch der gerichtlichen Psychologie 1835. p. 817 ff. (Angabe der älteren Literatur) p. 840.

Rust, Magazin XX. 500; ibid. N. F. XVI, p. 3. ibid. N. F. XXXV. p. 235. 359.

Wildberg, Jahrb. I. 2. 1835.

Henke's, Zeitschr. I, p. 127; XX, p. 306; XXII. p. 62; XXVI. I. p. 474; XXIV. p. 348; XXXIX. p. 306. LI p. 474. Ergzgsb. XI. p. 1.

Henke, Abhandl. II. p. 309; 371; 340. V, p. 214.

Zeitschrift für Stakde. 1839. IV. 3; 1840. III. 459.

Schnitzer, Lehre von der Zurechnung cap. XIV.

Kleinschrod. Neues Archiv des Criminalrechts Bd. II. Heft 3. p. 214'

Siebenhaar, encyclopäd. Handbuch. Artikel. Gemüthsbewegungen, Verwirrung, Zornwuth.

Hoffbauer, psych. Krankheiten etc. p. 216.

Goltdammer, Archiv. III. 2. p. 420.

Friedreich, Blätter für gerichtliche Anthropologie XI, 1.

Maschka, Sammlung gerichtlicher Gutachten. 1853; p. 237.

Ideler, Lehrbuch der gerichtlichen Psychologie; p. 76.

Wilbrand, Lehrbuch; p. 290.

Griesinger, Lehrbuch; II. Aufl. p. 52 ff.

Casper, Lehrbuch, biolog. Theil. p. 565, 579.

Droste. transitorische Zornwuth. Deutsche Klinik 1856. Nr. 30.

Wald, Lehrbuch; §. 498—501.

Leubuscher, Casper's Wochenschrift 1849; Nr. 50 und 51.

Ellinger, anthropologische Momente der Zurechnung. II. Aufl.
p. 45.

Schürmayer, Lehrbuch; III. Aufl. §. 539—40.

Santlus, zur Psychologie der Triebe Neuwied 1864.

Lion, Affecte und Leidenschaften etc. 1866.

Buchner, Lehrbuch 1867; p. 98 ff.

Buchner, Friedreichs Blätter; 1867. Heft 5, p. 387.

Die Affekte sind psychische Lebensäusserungen die
noch der Breite der Gesundheit angehören, denn sie finden
sich bei jedem Menschen, der die Attribute psychischer In-
tegrität aufweist, und ohne Affekte im weiteren Sinne des
Worts ist keine psychische Existenz und Fortentwicklung
denkbar. So wenig zwar die Thatsache geläugnet werden
kann, dass in jedem heftigeren Affekt bedeutende psychische
und somatische Störungen zu Tage treten, das »Ich« mehr
oder weniger in Schwankung gerathen und eine wenn auch
nur momentane Trübung der Besonnenheit erfahren kann,
so steht dieser doch die weitere Thatsache entgegen, dass
es nicht dauernd überwältigt werden kann, und eine Cor-
rectur und Beherrschung der vom Affekte getragenen Vorstellungen und Strebungen sofort eintritt und das Handeln
nicht zum zwangsmässigen, unfreien herabzusinken braucht.
Der Affekt soll und kann unter physiologischen Bedingungen beherrscht werden, und von diesem Grundsatz aus kann
die Rechtspflege die Haudlung des Affekts, dem gerade die
häufigsten und schwersten Rechtsverletzungen entspringen,
nicht für straflos erklären, ohne sich selbst unmöglich zu
machen. Aber der Affekt ist nun einmal eine vorüber-

gehende Störung des Seelenlebens, die psychische Leistungsfähigkeit liegt während seiner Dauer eine Schwelle tiefer
als ausserhalb desselben; die Individualität, die Umstände,
die Veranlassung des Affekts etc. bilden eine Reihe von
Momenten, die für den Ausgang wichtig und doch nicht
gleichwerthige Grössen bei den verschiedenen Individuen
sind: Gründe genug für eine humane Rechtspflege, dass
sie den Zustand des Affekts nicht der besonnenen Ruhe des
psychischen Tonus gleichsetzt und im Affekt einen mildern-
den Umstand für die aus ihm hervorgehende Rechtsver-
letzung erblickt. Mehr kann billiger Weise von der Rechtspflege nicht gefordert werden, bis hieher handelt es sich
auch einfach um psychologische Fragen, deren Lösung wir
dem Richter ganz gut überlassen können, und die ihm auch
nach seinen psychologischen Kenntnissen mit Heranziehung
der Kriterien der rechtlichen und moralischen Imputation
leicht gelingt. Aber es giebt pathologische Zustände, in
denen der Affekt so mächtig und überwältigend wird, dass
er dem transitorischen Wahnsinn in seiner Wirkung wie
auch seinen Phänomenen gleichkommt. Wie Gesundheit
und Krankheit in der ganzen Natur keine Gegensätze sind,
sondern unmerklich ineinander übergehen, ist es auch hier
der Fall. Wir können die Gränze nicht angeben, auf welcher sich der physiologische Affekt und der pathologische
scheiden, noch weniger, an welchen bestimmten Kriterien
sie sich von einander unterscheiden lassen. Es gibt hier
ein grosses Mittelgebiet affektartiger Seelenzustände — wir
erinnern nur an die Verbrechen aus unglücklicher Liebe,
Eifersucht, Noth, Verzweiflung etc., deren Beurtheilung un-
endlich schwierig und nur aus einer Reihe anthropologischer
klinischer, neuro- und psychopathologischer Momente für
den Einzelfall wird erschlossen werden können. Hier genügt die Leuchte, welche dem Richter seine einfach psychologische Erfahrung an die Hand giebt, nicht mehr, er bedarf von nun an die Hilfe eines ärztlichen Experten, der
ihn aufklärt über die organischen Bedingungen, welche, in-

dem sie in den Vorgang des Affekts hineinspielten, den Modus und Erfolg desselben zu einem ungewöhnlichen machten. — Wir können in die ebenso verlockende als schwierige Erörterung dieser auf der Markscheide von Gesundheit und Krankheit gelegenen Seelenzustände nicht weiter eingehen, durften aber auch nicht die Besprechung der Affekte bei der Schilderung der transitorischen Störungen des Selbstbewusstseins ganz übergehen, da sie in glücklicherweise weniger häufigen Fällen zu einer länger oder kürzer dauernden Aufhebung desselben wirklich führen können, und somit als den übrigen transitorischen Seelenstörungen völlig gleichwerthige Zustände anerkannt werden müssen. Wir möchten für diese Affektstufe die Bezeichnung der pathologischen Affekte vorschlagen, da sie nur unter pathologischen Bedingungen vorzukommen scheinen und Symptome in ihrem Ablauf vorkommen, die zwar nur transitorisch sind, sonst aber nur bei schweren Krankheitszuständen des Hirns beobachtet werden (Amnesie). Es ist natürlich unmöglich, hier die Gränze scharf zu bezeichnen und ein Kriterium aufzustellen; wir glauben aber den Erscheinungen keinen Zwang anzuthun, wenn wir den pathologischen Affekt da beginnen lassen, wo das Selbstbewusstsein auf der Affekthöhe vollkommen erloschen ist, wofür sich auch ein semiotisches Zeichen in der für diesen Zeitraum aufgehobenen Selbstbewusstseins vorhandenen Amnesie ergeben wird. Das specielle klinische Bild, unter dem solche pathologische Affekte sich darbieten können, kann ein verschiedenes sein. Je nach dem Anlass und Inhalt des afficirenden Vorgangs im Bewusstein, kann es sich als stuporartige Hemmung des Vorstellens, als traumartige verworrene präcipirte Association der Vorstellungen bei gestörter Apperception und aufgehobenem Selbstbewusstsein (Sinnesverwirrung), oder als wuthzornige Erregung gestalten, wobei im letzten Fall die Unterscheidung von wirklicher Mania transitoria schwer werden kann, wenn man nicht berücksichtigt, dass zwischen dem Mania transitoria etwa hervorrufenden Affekt und dem

Ausbruch des Tobanfall's ein längerer Zwischenraum sich
vorfindet, als da, wo der Affekt in pathologische Höhen
umschlug; ferner dass der Anfall von Mania transitoria länger dauert als der Affekt, das Selbstbewusstsein und damit
die Erinnerung dauernder und tiefer beeinträchtigt und mit
einem kritischen Schlaf zur Norm zurückkehrt. Die pathologischen Bedingungen, unter welchen Affekte abnorme, das
Selbstbewusstsein aufhebende Zustände setzen können,
sind mannichfaltig. Im Allgemeinen lassen sie sich in zwei
Gruppen zusammenfassen — einmal solche, welche den psy·
chischen Tonus, den Stand der habituellen gemüthlichen
Reizbarkeit zu einer krankhaften Höhe steigern —, und
solche, welche die Widerstandsfähigkeit des intellectuellen
und sittlichen Ich, von dem aus unter physiologischen Bedingungen die Beherrschung des Affekts ausgeht, depoten-
ziren, da von diesen beiden Faktoren es wesentlich abhängt,
ob der Affekt ein Individuum überwältigt, oder dasselbe von
Jenem überwältigt wird. Die Kenntniss dieser pathologischen Faktoren ist natürlich von höchster Wichtigkeit für
die richtige Beurtheilung derartiger abnormer Affekte, wess-
halb wir versuchen wollen einen Abriss derselben zu geben. —

1) Es giebt eine grosse Zahl von Menschen, bei denen
schon von frühester Jugend an eine ausserordentliche Reizbarkeit und Leidenschaftlichkeit sich kund giebt, bei denen
Affekte sehr leicht eintreten und dann bedeutend das Maass
eines Affekts, wie er bei einem psychischen Durchschnitts-
Menschen vorkommt, übersteigen. Solche Zustände abnormer Gemüthsreizbarkeit, besonders wenn sie in frühester
Jugend schon sich kundgeben, erwecken den Verdacht, dass
sie in organischen abnormen Verhältnissen ihren Grund
haben, und diese Vermuthung gewinnt immer mehr Raum,
wenn man sieht, wie vergeblich meist Erziehung und Cultur
diesen vermeintlichen Charakterfehler zu tilgen bemüht sind,
und wie häufig, gegen das bessere Wollen und Wissen solcher Menschen, ihr Ich im Affekt mit ihnen durchgeht und
den Forderungen des Rechts- und Sittengesetzes, dass der

Mensch seine Affekte beherrschen solle und könne, Hohn spricht. Diese Anschauung steigt fast zur Gewissheit, wenn die psychische Abstammung solcher jähzornigen Naturen erforscht wird. Fast immer finden sich in ihrer Verwandtschaft Geistesgestörte oder andere Neurosen, sei es, dass diese in ihrer Ascendenz oder in ihrer Seitenverwandtschaft oder ihrer Nachkommenschaft vorkommen, oder dass die Träger dieser psychisch abnormen Constitution im Laufe ihres Lebens selbst einmal einer Psychose anheimfallen. Damit wird es aber wahrscheinlich, dass der Gemüthszustand solcher Menschen nur der Ausdruck einer hereditären, psychopathischen Constitution ist *), einer abnormen Hirnorganisation, in Folge deren Affekte leicht ins Pathologische überschlagen, leichter erweckt werden und langsamer und stürmischer ablaufen, als bei psychisch normalen nicht hereditärer Disposition unterworfenen Menschen. Worin diese abnorme Hirnorganisation beruht, lässt sich zur Zeit schwer sagen; bei einigen Hereditariern, die von Geburt an schwachsinnig waren und später Psychosen anheim fielen, haben wir auffallende Assymetrie der Windungen des Hirns auf beiden Hemisphären bei grosser Armuth an Windungen gefunden; bei einer andern Kranken einmal, ausser spärlichen und äusserst groben Windungszügen, ein morphologisch äusserst plump und massiv angelegtes Gesammtgehirn. Im folgenden, in mehrfacher Beziehung hier Erwähnung verdienenden Fall, erwies sich die hereditäre Disposition in einer bei der Mutter sich schon vorfindenden, auf die Tochter übergegangenen Neigung zu hochgradigen Kopfcongestionen, als deren Ursache eine angeborne Schwäche der vasomotorischen Innervation der Hirngefässe wohl anzunehmen sein dürfte. —

Beobachtung 28.

Auguste M., ledige Näherin, 36 Jahr alt, wurde am 12. Januar in Illenau aufgenommen. Eine Schwester hatte

---

*) Vergl. den instructiven Fall von Griesinger, Vierteljahrschrift für gerichtliche und öffentl. Medizin. N. F. VI., Heft 2, p. 269.

an Gemüthskrankheit gelitten, ein Schwestersohn des Vaters war in einer Irrenanstalt gewesen, die Mutter der Kranken war von sehr reizbarem Charakter, sehr zu Congestionen und heftigen Affekten geneigt gewesen und plötzlich an einem Hirnschlag, wahrscheinlich Apoplexia serosa, gestorben; ein Bruder der Kranken war zwar psychisch gesund, aber reizbaren Temperaments und sehr zu Kopfcongestionen und Nasenbluten geneigt. Die Entwicklung der Kranken ging gut und sehr früh vor sich; schon zur Zeit der Menses, die im 14. Jahr eintraten, war sie sehr pastös und fast erwachsen. Mit dem erstmaligen Eintritt der Menses zeigten sich ohnmachtartige Zufälle, wie sie die Kranke nennt, die in Pausen von 6 Wochen bis 3 Monaten wiederkehrten, in der Regel von heftigen Kopfcongestionen, Schwarzwerden vor den Augen eingeleitet wurden. Die Kranke verlor momentan das Bewusstsein, fiel zu Boden, und litt dann noch einige Stunden an Kopfweh, Schwindel, Ohrensausen, Schwarzwerden vor den Augen und heftigem Blutandrang zum Kopf, welche Erscheinungen jeweils nach reichlichem Nasenbluten spurlos vorübergingen. In der interparoxysmellen Zeit war sie körperlich und geistig wohl, nur vor und nach der Zeit dieser Zufälle, sowie zur Zeit der Menses, will sie jeweils äusserst reizbar und zu Affekten geneigt gewesen sein. Eigentliche epileptische Anfälle kamen bei der Patientin nie zur Beobachtung. In ihrem 19. Jahre litt sie 6 Wochen lang an melancholischer Verstimmung, glaubte die Leute sähen sie scheel an und sprächen nachtheilig über sie, trug sich mit Selbstmordgedanken, doch verschwanden diese Erscheinungen sämmtlich wieder. Ausser einem Typhus im 24. Lebensjahr, der aber keine Folgen hinterliess und den jeweils wiederkehrenden congestiven Anfällen, will sie in der Folge gesund gewesen sein. — Mit 24 Jahren wurde sie schwanger und gebar ein Kind, das bald starb. Mit 33 Jahren wurde sie zum 2. Mal Mutter; die Geburt verlief gut, das noch lebende Kind stillte sie, bis kurz vor ihrer Aufnahme in die Anstalt. Ihre gegenwärtige Krankheit datirt sie von der Zeit ihres letzten Wochenbettes an. Das Stillen, welches sie 3 Jahre lang fortgesetzt haben will, habe sie sehr nervös und reizbar gemacht; sie fing in ihrer Reizbarkeit Streit mit ihrem Geliebten an, bis dieser sich von ihr trennte und sie nicht mehr unterstützte; Kummer, materielle Sorgen trafen sie, die Congestivzufälle traten wieder häufiger ein und jeweils mit ihnen Zustände grosser Gereiztheit, so dass sie sich in »ihrer grundlosen Aufregung« oft gar nicht mehr kannte, mit allen Leuten Händel anfing, oft ganz verwirrt im Kopfe war, und öfters sich mit dem Gedanken trug, ihrem Leben ein Ende zu machen. —

Es scheint, dass sie sich nun dem Genuss geistiger Getränke ergab; neue Aufregung und Affekte stürmten auf sie ein, als sie nach einer, wahrscheinlich im Affekt ausgesprochenen Kündigung ihrer Wohnung, jene abläugnete, (möglicherweise weil sie im Affekt nicht wusste, was sie gesagt hatte) ihre Aussage beschwor und des Meineids überführt, in die Strafanstalt verbracht werden sollte.

Eines Abends, im Januar 1867, nachdem die Kranke in letzter Zeit äusserst reizbar und verstört gewesen war, sich sehr vernachlässigt und über Verwirrtheit in Kopf geklagt hatte, wurde sie auf dem Kirchhof mit ihrem Kind angetroffen, und gab auf Befragen an, das ihr (dort begrabener) Vater ihr erschienen sei, und sie aufgefordert habe, zu ihm zu kommen. Sie wurde nun in's städtische Hospital gebracht, war Anfangs ganz verwirrt und unbesinnlich, verhielt sich in den folgenden Tagen ruhig, bot keine Sinnestäuschungen und Delirien, gerieth aber sofort in die heftigste Wuth, wenn sie etwas Unangenehmes erfuhr, kam ganz ausser sich, machte Flucht- und Selbstmordversuche. Nach einiger Zeit kam sie jeweils wieder zu sich, mit nur summarischer Erinnerung ans Vorgefallene und konnte nicht begreifen, wie und warum sie in solche Zustände gerathen war. Da man Simulation im Hinblick auf ihre bevorstehende Bestrafung wegen des Meineids vermuthete, sie auch im Spital wegen

ihrer Wuthanfälle nicht behalten konnte, erfolgte ihre Trans-
ferirung nach der Irrenanstalt. —

Patientin bot bei ihrer Aufnahme nichts körperlich Ab-
normes. Sie war sehr corpulent, hatte einen wohlgebildeten
Schädel, kurzen dicken Hals, ruhigen, nicht vollen Carotidenpuls, reine Herztöne. Sie klagte selbst, dass zeitweise,
unter vorausgehendem Kopfschmerz, Schwindel, Wallungen
zum Kopf, Anfälle heftiger Wuth an sie kämen, in denen
sie gar nicht wisse, was sie thue. Ein böses Wort, selbst
eine unangenehme schmerzliche Erinnerung genüge, um dieselbe hervorzurufen; auf Nasenbluten werde ihr jeweils
besser. Wenn der Anfall heftig komme, verliere sie sogar
die Besinnung und stürze zusammen. Wenn sie wieder
zu sich komme, sei ihr schwach, zitterig; sie könne dann
gar nicht begreifen, wie sie in Rage kommen konnte, in der
interparoxysmellen Zeit sei sie wohl, aber äusserst reizbar,
hie und da habe sie auch Kopfweh, Schwindel, Ohnmacht-
anfälle, besonders gegen die Zeit der Menses, Erscheinungen,
die auf Nasenbluten sofort aufhörten.

Die folgende Beobachtungszeit bot reichlich Gelegenheit, diese wuthartigen Paroxysmen zu beobachten. In der
Regel erfolgten sie auf geringfügige äussere Anlässe, zuweilen auch durch blosse schmerzliche plötzlich lebhaft auf-
steigende reproducirte Vorstellungen. Grosse Reizbarkeit,
Händelsucht, Unruhe, Schimpfen, unzufriedene Stimmung
psychischerseits, Schwindel, Kopfweh, glänzende Augen,
sehr gespannter frequenter Puls von körperlichen Symptomen, gingen den Anfällen Stunden- bis Tagelang voraus.
War die Erregbarkeit dann bis zu einer gewissen Höhe ge-
diehen, so erfolgte der Anfall plötzlich, selbst auf die ge-
ringfügigsten Reize. Die Kranke fing an zu schreien, zu
toben, Alles zu zerschlagen, stürzte sich in blindem Drang
auf die Umgebung, versuchte sich umzubringen, schrie
»Feuer«, verlor das Bewusstsein und fiel entweder, meist
unter heftiger Steigerung der Congestiverscheinungen, syn-
copisch zu Boden, oder kam nach einigen Minuten wieder

zu sich. Für die Höhe des Anfalls hatte sie immer völlige
Amnesie, für den Anfang und das Ende desselben eine höchst
summarische Erinnerung. Das vorher glühend rothe heisse
Gesicht wurde dann blass, der Gefässturgor legte sich, die
Kranke war erschöpft, zitterte, klagte Brausen, Schwindel,
und war betrübt und verwundert über das, was mit ihr vorgegangen war. Solche Anfälle kehrten atypisch binnen
Wochen wieder, drohende kamen häufig nicht zum Ausbruch,
wenn die Kranke Nasenbluten (oft ˙sehr reichlich bis zu
12 ʒ) bekam, worauf sie jeweils längere Zeit sich recht behaglich und erleichtert fühlte. Ebenso gelang es durch Eis-
überschläge, Bäder, Sinapismen, nicht selten drohende Anfälle zu coupiren. In der interparoxysmellen Zeit bot die
Kranke ein wechselndes Verhalten. Immer war sie sehr
reizbar, zu Jähzorn und Affekten geneigt, fing leicht Streit
an, zeigte sich unzufrieden, händelsüchtig, besonders zur
Zeit vor und nach den Anfällen, ebenso während der Menses. War eine reichliche Blutentleerung durch Nasenbluten
erfolgt, so war die Kranke freundlich, bedauerte aufrichtig
ihren Zustand, den sie durchaus als einen krankhaften an-
erkannte, und fügte sich willig der Ordnung des Hauses
und den ärztlichen Bestimmungen. Sinnestäuschungen,
Wahnvorstellungen kamen nicht zur Beobachtung, ebenso
wenig, ausser den syncopenartigen Zufällen, Erscheinungen,
die auf eine epileptische Neurose hindeuteten. —

2) Wie hier auf hereditärem Wege, als Ausdruck einer
psychopathischen angebornen Constitution sich Zustände abnormer Gemüthsreizbarkeit entwickeln können, kann eine
solche auch durch die verschiedensten Erkrankungen, welche
das Centralnervensystem treffen, erworben werden. Diess
gilt zunächst für die verschiedensten Hirnzustände, welche
den Geistesstörungen im weiteren Sinn zu Grunde liegen.
Die Mehrzahl dieser beginnt mit Affekten und affektartigen
Zuständen *), ein häufiger Ausgang nicht gelöster Psychosen

---

*) Die meisten Melancholieen und Manieen, die Dementia pa-
ralytica, alcoholische Störungen etc.

sind Zustände mässigen Schwachsinns mit mehr oder minder grosser Gemüthsreizbarkeit. Ein hervortretendes Symptom periodischer Formen von Seelenstörung sind Zustände abnormer Reizbarkeit in den Remissionen und Intermissionen der Paroxysmen. Man hat besonders in früheren Zeiten geglaubt, eine eigene Form psychischer Krankheit aus Zuständen machen zu müssen, bei denen eine exquisite Gemüthsreizbarkeit das hervorragendste Krankheitssymptom ausmachte. Ein genaues Studium dieser angeblichen excandescentia furibunda *) hat uns die Ueberzeugung verschafft, dass dem nicht so ist, und die abnorme Erregbarkeitsstufe, für welche man den Begriff dieser excandesc. furibunda geschaffen hat, nur ein Symptom der verschiedensten Neurosen (Epilepsie) und Psychosen (besonders periodische Formen und hereditäres Irresein) oder der Endeffekt der verschiedensten den psychischen Tonus depotenzirenden psychischen und physischen Einflüsse (Alkohol - und sonstige Excesse) ist. —

Hier reihen sich ferner jene häufigen Zustände von angebornem oder consecutivem Schwachsinn an, bei denen Affekte oft geradezu überwältigend sind, da ja ausser der Störung, welche der Affekt setzt, hier ein kräftiges Ich fehlt, das gegen den Affekt sich erheben könnte. Ein gleiches Verhältniss findet sich bei den Taubstummen und Idioten. Nicht selten begleiten bei solchen defekten Hirnorganisationen heftige Congestiverscheinungen den Affekt, wodurch ein weiteres Moment für seine Heftigkeit und Unwiderstehlichkeit geschaffen wird. —

---

*) Vgl. Pinel, traité médico-philosophique. Paris 1809; p. 155. Reil, Fieberlehre; Bd. IV; p. 357. Haindorf, Versuch einer Pathologie und Therapie der Seelenkrankheiten. Heidelberg 1811; p. 139. Hoffbauer, die Psychologie etc. p. 17, 156, 170. Platner, ed. Hedrich; p. 112. Henke, Abhdlg. II, p. 371. Friedreich, Lehrb. 1835; p. 826. Henke's Zeitschr. 1828; H. 1, p. 144; 1822 H. 1. p. 1. 1834. H. 3. p. 93. Ellinger, anthropol. Momente etc. p. 60.

3) In weiterer Ueberschau sind es nicht blos Psychosen im engeren Sinn, welche den psychischen Durchschnittstonus verändern können, sondern auch die verschiedensten heerdartigen Hirnerkraukungen, welche hier in Betracht kommen. Bekannt ist die Reizbarkeit von Apoplektikern, von an Encephalitis chronica Leidenden; einen gleichen Einfluss sieht man nicht selten nach Traumen auf den Schädel *), nach schweren Typhen u. s. w.

4) Ein weiteres Moment für die Erzeugung von Zuständen abnormer Gemüthsreizbarkeit bilden die grossen Neurosen, Chorea, Hysterie, Hypochondrie, Epilepsie; besonders ist es die Letztere, bei der nicht bloss vor und nach den Anfällen, sondern auch in der interparoxysmellen Zeit Affekte so leicht eintreten, und häufig genug den Charakter heftiger Wuthanfälle annehmen. Aber auch alle übrigen schweren Nervenleiden, (Neuralgieen), wenn sie lange dauern, Schlaf, Ernährung und Blutmischung stören, setzen mit ihren jeweiligen Exacerbationen, oder auch in der freien Zeit affektartige Zustände, die leicht ins Pathologische umschlagen. Besonders ist es dann bei anämischen dysmenorrhoischen neuropathischen weiblichen Individuen die Zeit der Menstruation, in der diese Reizbarkeit sich sehr lebhaft kund gibt.

5) Endlich können alle möglichen sonstigen psychischen und physischen Einflüsse, welche einen depotenzirenden Einfluss auf's Nervensystem ausüben, Alcohol- und sexuelle Excesse, häufige und langdauernde Affekte und Leidenschaften, anstrengende Nachtwachen, überhaupt Entziehung des Schlafes, schlechte Nahrung, schwächende Krankheiten etc. das Gemüth erschüttern und zu Affekten disponiren, die dann leicht die physiologische Gränze übersteigen, denn immer ist zu berücksichtigen, dass die jeweilige Reizbarkeit nur ein Produkt der aufs Nervensystem eingewirkt habenden Reize ist.

*) S. die Schrift des Verfassers über die durch Gehirnerschütterung und Kopfverletzung hervorgerufenen psychischen Krankheiten. 1868.

Ob auch Krankheitszuständen in rein vegetativen Organen ein ähnlicher Einfluss zukomme, wie ältere Beobachter behaupten, (Herzleiden, Gicht, chronische Unterleibsleiden) muss erst durch genauere Untersuchungen nachgewiesen werden.

6) In vielen Fällen endlich wirken eine Reihe der in Vorstehendem angeführten organischen Bedingungen zusammen, um den Affekt zu einem pathologischen zu machen so z. B. Epilepsie und Berauschung, Schwachsinn und eine plötzliche Kränkung, eine überstandene Verletzung oder Erkrankung des Gehirns und die heftige Einwirkung der Sonnenhitze; ein Status nervosus mit Dysmenorrhö und ein während dieser Zeit erlittener Schrecken oder Beleidigung. Ganz besonders überwältigend ist die Wirkung eines sonst mässigen Affekts bei Schwachsinnigen, da hier zur accessorischen Störung eine präexistirende tiefe Störung des psychischen Mechanismus kommt. Es ergibt sich daraus die Lehre, nicht bloss bei der Beurtheilung eines Affektes die Untersuchung auf den Stand der individuellen Reizbarkeit des Gemüths zu beschränken, sondern auch sorgfältig den Stand der intellectuellen Leistungsfähigkeit zu prüfen *). — Durch die im Vorstehenden angeführten organischen Momente, die, einzeln oder zusammengesetzt, als prädisponirende und occasionelle Faktoren wirken können, ist die Möglichkeit pathologischer Affekte gegeben. Schwere Rechtsverletzungen sind in ihnen die leicht mögliche Folge; Tödtungen **), Körperverletzungen ***), Selbstmorde †) in solchen

---

*) Vergl. den vom Verfasser »in Vierteljahrsschr. für gerichtliche Medizin.« 1868; H. l. veröffentlichten Fall von Todtschlag im Affekt, verübt von einer Schwachsinnigen an ihrer Mutter. Ferner s. Buchner, Lehrb. 1867; §. 100.

**) S. Friedreich's, Centralarchiv; VI. 2 (Canstatts Jahrb. f. 1849; VII, p. 35. Bottex, traité de la médecine légale; p. 25. Casper, Lehrb. Biolog. Theil. p. 565. Henke, Abhdl. ll: p. 378.

***) Buchner, Lehrbuch; p. 100. Henke, Zeitschrift 11. Ergzsh. 1829; p. 1.

†) Wald, gerichtliche Psychologie; §. 501.

Affekten ausgeübt, hat die forensische Literatur reichlich in ihren Annalen verzeichnet.

Damit ergiebt sich die hohe Wichtigkeit solcher pathologischen Affekte für die forensische Praxis. Als obersten Grundsatz möchten wir aufstellen, dass überall da, wo nachgewiesen wurde, dass ein Affekt bis zur Höhe einer temporären Vernichtung des Selbstbewusstseins sich erhob, die Verantwortlichkeit für die in diesen Zeitpunkt fallende rechtswidrige That als aufgehoben angesehen werden muss. —

Wie soll aber dieser subjective Thatbestand zur Zeit der Begehung der rechtswidrigen Handlung nachgewiesen werden? Wir müssen es der rechtlichen Imputation überlassen, wie weit aus der Motivirtheit des Affekts, seiner Art, Entstehung, selbstverschuldet oder nicht, aus der früheren Lebensführung und sittlichen Haltung des Angeschuldigten, Inzichten und Präsumptionen sich für oder gegen seine Zurechnungsfähigkeit ergeben werden, all diese Momente wird der Richter besser und vorurtheilsfreier abwägen können als der ärztliche Experte; nur davor müssen wir warnen, dass aus der längeren Dauer des Affekts bis es zur That kam, nicht sofort gefolgert wird, dass diese hätte vermieden werden können. Denn bei leidenschaftlichen Menschen kann der Affekt lange währen und sich in sich selbst steigern, oder durch ein occasionelles Moment plötzlich neu angefacht werden. Ebenso spricht ein bisher guter Leumund und ruhiger besonnener Charakter zwar zu Gunsten des Angeklagten, doch ist nicht der umgekehrte Schluss bei einem leidenschaftlichen, rohen, jähzornigen Charakter erlaubt, der oft genug gerade auf pathologischem Boden stehen dürfte und jedenfalls weniger im Stande ist seinen Affekt zu bekämpfen, als ein besonnener an Selbstbeherrschung gewöhnter Charakter.

Immerhin dürften aber diese allgemeinen psychologischen Momente, wozu die Geringfügigkeit der Motive, die Planlosigkeit und Heftigkeit der Handlung gehören dürften, von Belang sein, um den Verdacht auf das Vorhandensein

ungewöhnlicher organischer Bedingungen zu lenken, deren
Nachweis aber nur eine anthropologische und ärztlich wis-
senschaftliche Untersuchung geben kann. Bei dieser sind
zu beachten:

1) Die Gesammtpersönlichkeit, ihre psychische und physische Constitution, ihr psychischer Stammbaum, Entwick-
lungsgang, ihr habitueller psychischer Tonus (Temperament)
und der Stand ihrer intellectuellen Leistungsfähigkeit. Die
etwa erlittene Schädigung ihres Nervensystems durch die
im Obigen angeführten, den Gemüthstonus und das intellec-
tuelle Leben beeinträchtigenden Schädlichkeiten. Die Berücksichtigung etwa latenter oder früher bestandener Psychosen und Neurosen. —

2) Die Ermittlung der zur Zeit des Affekts etwa zur
Wirkung gelangten organischen, erfahrungsgemäss seine
Wirkung steigernden Momente (Alkohol, sinnliche Aufregung
körperliche Anstrengung, hohe äussere Temperatur etc.)

3) Die Ermittelung des geistig-körperlichen Zustandes
zur Zeit der That selbst mit besonderer Berücksichtigung
etwa dabei zur Beobachtung gelangten Kopfcongestionen,
Sinnestäuschungen, Delirien und verworrener Reden.

4) Die Erforschung des Mechanismus der That selbst,
insofern aus der Planlosigkeit, der über alles vernünftige
Maass hinausgehenden Rücksichtslosigkeit und Grausamkeit
des Handelnden sich auf eine Trübung seines Selbstbewusstseins schliessen lässt.

5) Des Verhaltens nach der That, insofern es auf eine
fortbestehende Trübung des Selbstbewusstseins, fehlende oder
lückenhafte Erinnerung für's Vorgefallene hindeutet. —

VII. Die transitorischen Störungen des Selbstbe-
wusstseins bei Gebärenden und Neuentbundenen.

Literatur.

Haller, element. physiol. T. VIII, p. 420.

E. Platner, de lipothymia parturientium quantum ad excus. in-
fanticid. Med. chirurg. Zeitung f. 1817. Nr. 30. p. 56.

Naegele, Erfahrungen und Abhdl. Mannheim 1812 p. 114.

Platner, Programm. 33. edit. Hedrich.

Henke, Nasse's Zeitschr. 1819; p. 217.

Vogel, Zurechnung, Stendal 1825; p. 115.

Siebenhaar, Handb. I; p. 155 und 164. (Literatur.)

Henke's, Abhdl. IV; p. 232; V; p. 237.

Friedreich, allg. Diagnostik der psych. Krankheiten; p. 254.

Kluge, med. Ver.-Ztg. 1833. Nr. 22.

Wigand, Kopp's Jahrb. d. Stakde. Bd. IX; p. 116.

Friedreich, ger. Psychol. 1835. p. 698. 723.

Niemeyer, über die Einwirkung des Wehendrang's auf's Seelen-
organ. Zeitschr. f. Geburtshülfe und pract. Medicin. Bd. I. H. 1
p. 159.

Henke's Zeitschr. 1826. H. 3; p. 48; 1828. H. 3; p. 108; 1830. H. 1,
p. 233; H. 3, p. 115; 1852. H. 1, p. 143.

Clarus, Boiträge etc; p. 261.

Montgomery, Dublin Journal. Vol. V. Nr. 1. 1834.

Esquirol: maladies mentales. 1838; T. I; p. 321.

Jörg, Zurechnungsf. der Schwangern und Gebärenden. Leipz. 1837
§§. 186—188.

Taylor, medical jurisprud. p. 678.

Schwörer, Thatbestand des Kindermord's p. 13.

Mende, Handb. der ger. Med. IV; p. 617.

Schnitzer, Lehre von der Zurechnung. 1840. cap. VII.

Journal de Rheims. 1847. (Marcé de la folie des femmes enceintes; p. 143.)   *

Wendt, Selbstbewusstsein. 1844; p. 89.

Albert, Wuth der Gebärenden und Wöchnerinnen. Med. Corresp.
Blatt bayerischer Aerzte. 1850; Nr. 47.

Boileau de Castelneau. Annal. d'hygiène 1851. T. XLV;
p. 437.

Marcé, de la folie des femmes enceintes. Paris 1858; p. 134.

Churchill, Dublin Journal. 1850. Februar.

Wilbrand, Lehrb., p. 320.

Pichler, Lehrb.; p. 189.

Maschka, Gutachten etc. Prag 1853; p. 237.

Casper, Lehrb. Biol. Thl. p. 472.   \

Kiwisch, klinische Vorträge. 1855. Bd. III, p. 436. 520.   .

Buchner, Lehrb., p. 145.
v. Fabrice. Die Lehre von d. Kindsabtreibg. u. d. Kindsmord
1868. p. 402.

Eine ganz hervorragende Bedeutung gewinnen die im
Vorausgehenden geschilderten transitorischen Störungen des
Selbstbewusstseins während des Gebärakts und in der ersten
Zeit nach demselben, da sie hier nicht selten eintreten, zu
einem schweren Verbrechen, der Kindestödtung, führen können, und da Zeugen selten je zugegen gewesen sein dürften,
der unfreie Zustand zudem ein ganz transitorischer war,
die Herstellung des subjectiven Thatbestands mit äussersten
Schwierigkeiten dann verbunden ist. Der Häufigkeit und
Schwierigkeit der Ermittelung derartiger unfreier Zustände,
während oder kurz nach der Geburt hat auch die Gesetz-
gebung Rechnung getragen, und nirgends wohl zeigt sich
so sehr der wohlthätige Einfluss der Forschungen der gerichtlichen Medizin auf die Rechtspflege, als bei der Beurtheilung des Kindsmords, wo, im Hinblick auf die gewaltigen psychischen Conflikte, aussergewöhnlichen Affekte und
transitorischen Störungen des Selbstbewusstseins, welche bei
Gebärenden eintreten können, an die Stelle drakonischer Ge-
setze humanere Auffassungen gekommen sind, und eine
temporäre Freiheitsstrafe das Loos jener Unglücklichen heut-
zutage geworden ist, die früher unter Henkers Hand geblu-
tet hätten. Wenn wir uns auch nicht der Ansicht von Jörg
(op. cit. p. 309) anschliessen können, der annimmt, dass im
Allgemeinen keiner Gebärenden von der 3. bis zum Ende
der 5. Geburtsperiode die volle Zurechnungsfähigkeit zuge-
standen werden könne, so ist doch nicht zu läugnen, dass
mit dem Vorgang des Gebärens eine Reihe psychischer und
physischer Momente ins Spiel kommen, die leicht das freie
Spiel der Seelenkräfte beeinträchtigen und · die schwersten
Gewaltthaten gegen die Leibesfrucht in einem Moment gestörten oder aufgehobenen Selbstbewusstseins herbeiführen
können. Sehen wir ab von jenen häufigen Erschöpfungs-
und Ohnmachtszuständen, die die begreifliche Folge von be-

deutenden Blutverlusten bei der Geburt, nervöser Erschöpfung durch heftige Wehen und schwere Geburtsarbeit sein können, in denen die heimlich oder hilflos Niedergekommene ihrem Kind die nöthige Hilfeleistung nicht zu Theil werden lassen kann, so finden sich eine grosse Reihe anderer, glücklicherweise seltener vorkommenden Störungen des Selbstbewusstseins, in denen eine Vergewaltigung der Mutter am Kind möglich wird, und der objective Thatbestand der Kindestödtung sich erfüllt, während doch der subjective damit nicht übereinstimmt. Die Mehrzahl dieser unfreien Zustände gehört den im Vorausgehenden geschilderten Gruppen der transitorischen Störungen des Selbstbewusstseins an, wie auch die dort mehrfach für die Beurtheilung aufgestellten Kriterien (Amnesie) hier zur Geltung kommen dürften. Nur insofern als die Wichtigkeit des Gegenstands und gewisse Eigenthümlichkeiten gegenüber der species facti diess erfordern, soll das concrete Vorkommen dieser Zustände bei Gebärenden und Neuentbundenen hier speciell zur Sprache kommen.

1. Am häufigsten wohl sind es heftige und ins Pathologische hinüberreichende Affekte, die bei zweifelhaften psychischen Zuständen unehelich Gebärender in Betracht kommen. Die Schaam über die verlorene Geschlechtsehre, die Sorge um die Zukunft, der Schrecken bei den Zeichen der herannahenden Geburt, besonders wenn die Schwangere, wie es in seltenen Fällen vorkommt, gar nicht wusste, dass sie schwanger war, — wirken hier plötzlich und mächtig auf die Mutter ein, die Schwangerschaft mit dem Kummer über den Fehltritt, die Noth und Verzweiflung, wenn der Verführer die Geliebte verlassen hat, all diese mächtigen psychischen Erschütterungen wirken nicht selten bei ausserehelich Geschwängerten zusammen und erzeugen Conflikte im Bewusstsein, die nicht Jede, am wenigsten in einem Augenblick, wo das Nervensystem durch die Schmerzen der Geburt erschöpft und irritirt ist, nach der sittlichen Seite

hin lösen kann. Leicht kommt es hier zu höheren Graden des Affekts, zur Sinnesverwirrung, zur Verzweiflung.

Diesem psychischen Ausnahmszustand, in dem sich die Mutter befindet, ist das humane Strafgesetz der Neuzeit gerecht geworden, und hat eine verhältnissmässig gelinde Strafe über die Unglückliche verhängt, welche in diesem ihr Kind tödtet. Die Beurtheilung dieser Kategorie von Fällen wird übrigens meist nur dem Richter anheim fallen, da sie eine vorwiegend psychologische ist und der Arzt nur dann von Nöthen sein, wenn Umstände vorhanden sind, die auf besondere organische Bedingungen, die mit dem Affekt einhergingen, hinweisen. Anders ist es aber bei den folgenden Kategorieen unfreier Zustände:

2) Es kommen bei den Gebärenden nicht so selten Zustände vor, wo der heftige Wehenschmerz eine solche Nervenaufregung erzeugt, dass die Gebärende aus Reaktion auf jenen um sich tritt und schlägt, und theils um die Geburt zu beschleunigen, theils um der Ursache ihrer Schmerzen feindlich zu begegnen, in der 4. Geburtsperiode Hand an die Leibesfrucht legt und sie verletzt oder tödtet, ein Zustand, der zuweilen auch noch unmittelbar nach dem Akt der Geburt sich findet. In der Regel wird bei diesem hochgradigen Affekt, der hervorgerufen durch den gewaltigen Wehenschmerz rein zwangsmässig sich in negativen Handeln entladet, das Selbstbewusstsein momentan wenigstens gestört sein [*]. — In den höheren Graden dieser reflectorischen Entladung eines neuralgischen Zustandes kann das Selbstbewusstsein völlig erlöschen; es können Delirien hinzutreten und sich das Bild eines Delirium nervosum gestalten, oder der Zustand einer Dysthymia neuralgica transitoria entsprechen. Dieses Delirium tritt meist erst auf, wenn der Kopf den Muttermund passirt, zur Zeit wo die

---

[*] Fälle s. Wigand, Geburt des Mensch. Bd. I. p. 81; Jörg op. cit. p. 324; Osiander, neue Denkwürdigkeiten, 1797. I. p. 134. Schwörer, Thatbestand d. Kindermord p. 18.

Wehen eben am stärksten und schmerzhaftesten sind; nicht
selten dauert es nach der Ausstossung der Frucht noch fort;
seine Dauer beträgt eine Viertel- bis halbe Stunde, bis endlich die Wöchnerin erschöpft aufs Geburtslager zurücksinkt
und nach kürzerer oder längerer Dauer eines unbesinnlichen
Zustandes, mit völliger Amnesie fürs Vorgefallene, in den
ungetrübten Besitz ihrer Geisteskräfte zurückkehrt *).

3) Aber auch Anfälle wirklicher Mania transitoria sind
schon bei Gebärenden und Neuentbundenen beobachtet worden **). Bei Ersteren während der 3. und 4. Geburtsperiode, bei Letzteren gleich nach der Ausstosung des Kindes.
Meist besteht bei dieser Mania transitoria parturientium ein
heftiger Congestivzustand zum Gehirn, der sich leicht aus
der während der Entbindung allgemein gesteigerten Gefäss-
erregung, der durch den Geburtsakt gehemmten Inspiration
und der hochgradigen Spannung des ganzen Muskelsystems
erklärt. Diese Zufälle unterscheiden sich in keiner Weise
von der unter andern Bedingungen zu Stande kommenden
Mania transitoria, verlaufen meist unter dem Bild eines heftigen Wuthanfalls, und hinterlassen völlige Amnesie für's
Geschehene.

4) In einer weiteren Zahl von Fällen handelt es sich
um transitorische Delirien auf epileptischer oder hysterischer
Basis ***). Die Neurose kann dabei, wie in der Regel, schon

---

*) Fälle: Toel, Henke's Zeitschr. 1826. H. 3. p. 48; Fried-
reich, gerichtl. Psychol. p. 697, p. 702 Anmerkung; Montgomery Dublin Journ. 1834. V. (Friedreich p. 704) Osiander op.
cit. I. H. 1. Boileau, Annal. d'hygiène t. XLV 1851; p. 437.
Esquirol, malad. mental. 1838. t. I. p. 231. Marcé, op. citat.
p. 134 und ff.

**) S. Kiwisch, klin. Vorträge p. 520. Flemming, Horn's
Archiv 1836 Jul. Aug. p. 622; meine Schrift üb. Man. transit. p. 32
und 33. Kluge med. Ver.-Ztg. 1837. Nr. 22; Barth, Henke's
Zeitschr. 1828 H. 3. p. 108.

***) Platner, Progr. 33 Fall von in epilept. Delir. vollzogener
Kindestödtung; Pfeufer, Kopp's Jahrb. d. Staatsakde. 8. Jahrg.

in früheren Lebensperioden aufgetreten, oder während der Schwangerschaft entstanden sein. Endlich kommen kataleptiforme und eclamptische Zustände, während und nach der Geburt vor, die sich mit Delirium verbinden, oder mit solchen abwechseln können.

5) In seltenen Fällen entstehen transitorische Störungen des Selbstbewusstseins, während und nach der Geburt aus fieberhaften Erkrankungen, die, schon vor oder während der Geburt, die Mutter befallen haben, (Puerperalfieber) wo dann das Krankheitsbild mit dem Delirium febrile in andern Krankheiten übereinstimmt und als solches aufzufassen ist *).

Aus den im Vorstehenden skizzirten Gruppen von Alienationen des Selbstbewusstseins bei Gebärenden, ergibt sich sofort die hohe Bedeutung derselben gegenüber dem Verbrechen der Kindestödtung, zugleich aber auch die enorme Schwierigkeit der Aufgabe, welche dem Gerichtsarzt bei der Ermittelung des subjectiven Thatbestandes, zu dessen Aufhellung wohl in den seltensten Fällen Zeugenaussagen verwerthbar sein dürften, sich ergibt. Die Zuziehung der ärztlichen Techniker beim Verbrechen der Kindestödtung sollte sich mehr auf die Ermittelung des subjectiven Thatbestandes ausdehnen, als diess in praxi, wo der objective der Gegenstand einer peinlichen Sorgfalt und Subtilität ist, der Fall zu sein pflegt. Freilich wird leider der Experte nicht immer im Stand sein, mit voller Sicherheit den subjectiven Thatbestand herzustellen. Wo er diess nicht kann, hat er diess offen einzugestehen. Als Anhaltspunkte lassen sich, nach

---

p. 182. Ein an einer hyster. Neurose leidendes Mädchen, das in transit. Störung bei der Geburt s. Kind tödtet. s. Ephemerid. Natur. curios. Dec. III Ann. 7. 8. obs. 124. Storch, Weiberkrankheiten Thl. V. cas. 1. Platner, de eclampsia parturient. in quaest. med. forens. part. XL.

*) Fall einer Puerpera die in mehrtägigem maniakalischen Delirium eines Puerperalfiebers ihr Kind tödtet, mit Amnesie für die Zeit des Deliriums. S. Pichler, Lehrb. d. gerichtl. Medizin 1861. p. 189.

Ermittelung der Lebensfähigkeit, des stattgefundenen Lebens, der Art des Todes der Frucht etc., die den objectiven Thatbestand ausmachen, folgende Momente aufstellen:

1) Die Ermittelung des Charakters, Leumunds der Angeschuldigten, der näheren Motive ihrer That, der etwa vorher geäusserten Absicht oder der umgekehrt getroffenen Vorbereitungen, die auf die Absicht, das Kind am Leben zu erhalten, schliessen liessen; das mehr oder minder Gravirende der verheimlichten Schwangerschaft, des absichtlichen Niederkommens an einsamen, der Hilfe unzugänglichen Orte, gewisse Modi des Verhaltens nach der That etc., sind wesentliche Anhaltspunkte für die rechtliche und psychologische Imputation und höchstens präsumtive und unterstützende Kriterien für den Experten.

2) Viel bedeutsamer ist für diesen die Ermittelung einer Reihe von Fragen, die a) das gesammte anthropologische Verhalten und Vorleben, b) die vorausgegangene Schwangerschaft, c) die Verhältnisse und Umstände der Geburt betreffen und hier wichtig werden können.

a) Besonders wichtig sind hier die gesammte psychische und somatische Constitution, etwaige hereditäre Anlage zu *) Psychosen, etwa bestandene Neurosen und Psychosen, das Verhalten bei etwaigen früheren Geburten, da schon Fälle vorgekommen sind, wo jedes Mal während der Geburt transitorische Alienationen des Bewusstseins eintraten **).

b) Der körperliche und geistige Zustand in der Schwangerschaft, mit besonderer Berücksichtigung etwaiger Affekte, psychischer Verstimmungen, hysterischer, kataleptischer oder eclamptischer Zufälle; Zustände abnormer Reizbarkeit, grosser Anämie etc.

c) Des Hergangs der Geburt, insofern eine abnorme Beckenenge, grosses Kind, bedeutende Vorkopfgeschwulst auf eine protrahirte und besonders schmerzhafte Geburt deuten

---

*) S. Boileau de Castelneau op. citat.
**) Schwörer, op. citat. p. 18.

und für die Möglichkeit eines Delirium nervosum sprechen
können.

d) Des Zustandes, in dem die Mutter aufgefunden wird,
insofern als Bewusstlosigkeit, hysterische, epileptische, eclamptische Krämpfe etc. noch zur Ankunft von Zeugen fort-
dauern können, die auf derartige stattgehabte Zufälle hindeuten.

e) Die Art der Tödtung des Kindes, insofern sie eine
plan- und sinnlose, vielleicht auch grässliche ist, die Ver-
stümmelung etwa über allen beabsichtigten Erfolg hinaus-
geht, keine Anstalten zur Verwischung der Spuren des Verbrechens getroffen sind, im Gegentheil die species facti auf
den ersten Blick sich klar ergiebt, und etwa noch ander-
weitige Momente vorhanden sind, die auf ein Handeln in
einem des Bewusstseins beraubten Zustand hindeuten. Umgekehrt darf aber aus Spuren eines besonnenen Handelns
zu einem Zeitpunkt nach der Geburt nicht auf Zurechnungsfähigkeit sofort geschlossen werden, da zwischen Geburt
und Tödtung in des Selbstbewusstseins beraubtem Zustand,
ganz gut ein psychisch freier Zeitraum, in dem die Wöchnerin besonnen handelte, sich finden kann, auf den dann
erst die transitorische Störung des Selbstbewusstseins, in
deren Zeit die Tödtung fiel, folgte.

f) Das Verhalten der Mutter nach der That, insofern
eine aufrichtige Reue, etwaige Selbstanzeige eintreten, Spuren eines psychisch alienirten Zustandes noch zu bemerken
sind, oder die Thäterin völlige Unbefangenheit zeigt, da sie
vom Geschehenen gar nichts weiss und die wirklich vor-
handene Amnesie durch Kreuzfragen, sorgfältige Bestimmung
des zeitlichen qualitativen und quantitativen Umfangs der
Amnesie sich ermitteln lässt. —